All that

올댓
탐정

All that

올댓 탐정

김성도 지음

민간조사의 기초부터 실무까지, 탐정에 대한 모든 것

생각나눔

서문

우리는 원하든 원하지 않든 연줄이 지배하는 사회에서 살고 있다.

이 때문에 조직이든 기업이든 좋은 연줄을 개척해주는 사람을 조직 내부에 별도로 두고 사활을 건 비즈니스에 매진하고 있는 것이 현실이다.

우리가 하고자 하는 민간조사도 예외가 허용되지 않는다.

넘쳐나는 정보의 홍수 속에서 살고 있지만, 정작 필요한 고급 정보를 습득하기란 여간 어려운 일이 아니다.

그러다 보니 컴퓨터 앞에 앉아 온종일 필요한 정보를 찾아 나서는 일도 비일비재하다.

"원하는 정보가 있으십니까?"

어떻게 하면, 어디에 가면, 누구를 통하면 신속하게 원하는 정보를 습득할 수 있느냐가 해결의 관건이 될 수도 있을 것이다.

이는 과거 오랫동안 민간조사 분야에 몸담고 있으면서 뼈저리게 통감한 부분이다.

대다수가 공감하겠지만, 조사에서는 자신에게 익숙한 정보 소스 툴을 활용하게 되는 법이다.

조사 분야마다 정보 소스 툴은 다르지만 문제 해결을 위해서는 자신이 가지고 있는 지식과 정보의 격차를 먼저 인식하는 게 중요하다.

그런 다음에 조사에 착수하여 필드에서 고객이 원하는 생생한 정보를 습득하고 검증하는 단계를 거쳐 보고서를 전달하는 것이다.

일본의 정보 전문가인 '우에노 요시에'는 이러한 일련의 과정을 통틀어 '조사 사이클'이라고 부른다.

개인적으로는 조사 방법의 왕도는 없다고 생각한다. 그러나 조사를 위해서는 반드시 거쳐야 하는 과정이 엄연히 존재한다.

그것은 조사 전체의 과정을 이해해야만 하고 그에 수반되는 정보 소스들을 다룰 줄 아는 테크닉을 익혀야만 가능하기 때문이다.

조사의 기술은 누가 가르쳐주지 않는다.

좋은 서적들을 참고하고 오직 자신의 피나는 노력과 현장에서의 많은 경험과 시행착오를 거쳐야만 비로소 민간조사 분야에서 최고 달인의 경지에 다다를 수 있을 것이다.

그 이유는 아무리 어떤 분야 최고의 전문가라 해도 자신의 지식을 온전하게 다 전달할 수는 결코 없기 때문이다.

글은 말하고자 하는 주된 내용의 깊이를 다 써내지 못하고 말은 자신의 마음속에 있는 참뜻을 다 표현할 수 없다. 그래서 이론에만 치우친다면 현장에서 다소 공허감이 들기 마련이다.

또한, 자신의 현장 경험만 가지고 접근한다면 현실에서 자신의 편협한 세계에 갇혀 더 이상의 발전을 기대하기는 힘들다고 생각한다.

'산은 늘 같은 기세를 유지할 수 없고 물은 항상 같은 형세를 담을 수는 없다'고 하듯이 조사의 방법도 상황에 따라 변화되어야 할 것이다.

앞으로는 변화하는 사회에서 살아남으려면 이론과 실무를 겸비하고 시대의 흐름에 맞추어 카멜레온처럼 적응하는 자만이 오직 조사에 정도를 걸어갈 수 있을 것이라 내다본다.

민간조사의 창업은 어떤 절차를 거쳐야 하고 실제 조사를 위해서는 무엇이 필요한지, 그리고 민간조사에서 조사 계획과 견적서는 어떻게 산출하며 그에 따른 조사계약서와 예시 등을 통하여 전반적인 흐름을 습득한 연후에 신속하게 추출해 내는 핵심 정보 소스는 어

디에 있으며 조사 후 보고서의 작성은 어떤 형태로 정리하고 작성하는지를 살펴보고 미행 잠복 등을 현장 상황에서 어떻게 대처하는지를 담고 있다.

민간조사 분야에선 의뢰인으로부터 조사의 성과와 부족한 부분을 검토하는 피드백이 없다. 그러나 주어진 자료를 토대로 미리 예측하여 현실에 치밀하게 반영하는 피드 포워드(Feed forward)는 민간조사 분야에서 꼭 염두에 두어야만 한다고 본다.

민간조사 분야는 사실 최소한 인구 30만 이상 되는 도시에서부터 창업을 고려해봐야 하고 인구 20만 이하의 도시에서 오로지 민간조사 분야만 창업하는 것은 될 수 있으면 만류하고 싶지만, 안정적인 수입원이 있는 타 분야와 겸해서 해보고자 한다면 적극 찬성이다.

가까운 이웃 나라 일본의 조사 통계를 살펴보면, 절반에 가까운 50%가 법조계에서 사실 및 증거 관련 조사이며, 나머지 40%는 고용 조사(주로 대규모 도시에 한해서)이고, 그 외의 10%가 불륜 조사라고 한다.

우리나라도 '인사가 만사'라는 말이 있듯이 향후 민간조사 관련 법안이 입법화된 후에는 고용 조사가 시장에서 탄력을 받을 수 있을 것으로 조심스럽게 예상해 본다.

나아가서 누구나가 꿈꾸어오고 동경해왔던 '탐정'으로 한걸음 진일보하기 위해서는 정보 소스에 정통해야 하는데, 여기 그 간의 사실 조사에 도움이 되었던 사이트들을 일부 공개하니 주변에서 어려움에 처하신 분이 있다면 미력하나마 조사에 힘이 되어주기 바란다.

그리고 이 책의 출간에 산파 역할을 자처해 준 경민대 김광호 겸임교수, 기꺼이 교정 작업에 동참해 준 PIA글로벌합동사무소 오학기 행정사와 디텍티브뉴스 곽용귀 발행인, 업무 파트너인 법무법인 누리 박상택 채권팀장과 사이버 조사 실무자였던 허은호 실장에게도 감사를 전한다.

또한 이 책을 특별히 추천해 주신 일본조사업협회 에노모토 료진 전무이사님, 대한민간조사협회 하금석 회장님, 동국대학교 민간조사 최고위과정 교수협의회장 권진용 박사님, 김윤수 교수님, 한국감성에너지개발원 여순모 박사님, 서울시 소방안전권익협회 차양오 회장님, 세계호신권법연맹 임성학 총재님, 새턴정보통신 김영수 대표님께 진심으로 감사를 표한다.

2016년 6월

김성도

+탐정
현직 탐정의 민간조사 Tip

Contents

++탐정
한국에서 탐정으로 살아가기

Contents

+탐정

현직 탐정의 민간조사 Tip

관련 자료 조사 사이트

1. http://www.molit.go.kr   국토교통부

   도시 주택 토지, 건설 수자원, 교통 물류, 항공, 도로 철도 정책

2. http://rt.molit.go.kr   국토교통부

   부동산 실거래가 조회 서비스

3. http://www.realtyprice.kr   국토교통부

   단독주택, 공동주택, 부동산 공시가격 알리미

4. http://luris.molit.go.kr   토지이용규제 정보 시스템

   토지 이용 계획 확인원, 지적도, 개별 공시지가, 면적 등

5. http://onnara.go.kr   온나라부동산 정보 종합 포털

   온나라부동산 정보 조회, 통계, 분양, 정책 자료

6. http://www.k-pis.go.kr   국유재산 관련 포털

   기본 정보, 매각, 임대 등 포털 서비스

7. http://www.onbid.co.kr   자산관리공사 자산처분 시스템

   인터넷 공매 시스템

8. http://www.koreit.co.kr   한국토지신탁

   부동산신탁, 토지신탁, 처분신탁, 분양관리신탁, 분양 현장 정보

9. http://www.lh.or.kr 한국토지주택공사

공공주택 분양 임대 공고, 토지 분양, 매물 정보, 신규 공급 계획 등

10. http://apply.lh.or.kr LH 청약센터

임대, 분양주택, 상가 등

11. http://www.fbo.or.kr 농지은행

농어촌 종합정보 포털(농지매물 및 시세정보제공)

12. http://www.kamco.or.kr 한국자산관리공사

정부 위탁 재산 관리, 매각, 부실채권 정리기금 관리 운용, 압류 물건 공매

13. http://www.uamco.co.kr 유암코

연합 자산관리, 부실채권(NPL) 매입, 민간 배드뱅크

14. http://www.forest.go.kr 산림청

분야별 산림 정보, 생태 마을, 수목장, 산지 정보 조회, 전국 휴 양림 예약

15. http://www.geoinfo.or.kr 국토 지반 정보 시스템

구조물의 설계 및 공사 계획에 필요한 자료, 지하수 상태 등

16. http://www.kicox.or.kr 한국산업단지공단

산업단지 조성 정보, 임대 전용 산단, 기업 활동 지원

17. http://www.kapanet.or.kr 한국감정평가협회

감정 평가 정보, 공시지가 자료 열람 서비스

18. http://www.ngii.go.kr 국토지리정보원

국가 지리 정보 제공

19. http://www.minwon.go.kr　정부 민원포털

토지, 임야대장, 건축물대장, 출입국사실증명, 주민등록등·초본 등

20. http://www.nts.go.kr　국세청

국세청, 탈세 제보 등

21. http://www.hometax.go.kr　국세청 홈텍스

국세청 세무 도우미, 연말정산, 현금영수증, 조회 발급 등

22. http://www.iros.go.kr　대법원 인터넷 등기소

부동산, 동산, 법인, 채권, 담보등기 열람 및 발급

23. http://www.moleg.go.kr　법제처

우리나라 모든 법령 정보 및 판례 제공

24. http://www.laweater.com　로이터닷컴

법률상식을 알기 쉽게 예문과 함께 정리되어 있음

25. http://oneclick.law.go.kr　생활 법령 정보

생활 법령, 법률 정보 시스템

26. http://www.klac.or.kr　법률구조공단

무료 법률상담, 소송 비용 자동 계산, 상속지분계산, 경매 비용 계산 등

27. http://www.humanpass.co.kr　휴먼패스

친자확인 및 유전자 검사기관

28. http://www.chambersandpartners.com　체임버스앤드파트너스

영국 로펌 평가 기관, 전세계법률사무소 랭킹 확인 가능

29. http://www.kipris.or.kr　특허 정보 검색 서비스

국내외 특허 정보, 상표, 디자인 조회

30. http://www.udp.or.kr　도시개발신문

　　도시정비사업, 도시개발사업 등의 정보, 뉴타운 재개발 재건축 판례 등

31. http://www.korearepost.com　코리아리포스트

　　주택 재정비, 재건축, 재개발뉴스 정보 제공

32. http://www.frdb.wo.to　미래철도 데이터베이스

　　신설 예정 철도 정보 및 개통 시기, 예정 역, 폐기된 계획 등

33. http://dart.fss.or.kr　금융감독원

　　기업 정보 제공

34. http://www.fss.or.kr　금융감독원

　　금융 민원, 펀드 정보, 소비자 정보

35. http://s1332.fss.or.kr　금융감독원 서민 금융

　　대부, 고금리, 사금융, 금융사기, 신용조회 등

36. http://finlife.fss.or.kr　금융상품 통합 비교 및 공시

　　저축, 펀드, 대출, 연금, 보험 정보

37. http://www.korcham.net　대한상공회의소

　　기업별 업종별 정보 제공

38. http://www.kedkorea.com　한국 기업 데이터

　　한국 기업 650만 개의 기업정보 데이터베이스

39. http://www.r2korea.co.kr　알투코리아

　　부동산 투자 자문, 임대, 매매컨설팅

40. http://www.thebareun.co.kr　The바른prime

　　오피스 빌딩 임대차 컨설팅, 매물 정보

41. http://www.erakorea.com 이알에이코리아

기업·개인 부동산 매입, 매각 정보 제공

42. http://www.kyoborealco.com 교보리얼코

기업 부동산 투자 자문, 자산 관리

43. http://www.justr.com 저스트알

오피스 최신 동향 자료 및 임대료 조사, 부동산 투자 자문

44. http://kosis.kr 국가통계 포털

인구, 가구, 환경, 교통, 정보통신, 재정, 금융, 보험 등 주제별 통계

45. http://www.mahw.go.kr 보건복지부

정보→법인/시설/단체(아동 복지시설, 장애인 복지시설, 노인 복지시설) 리스트

46. http://www.kostat.go.kr 통계청

국가 통계, 주요 지표, 정보 공개

47. http://www.nanet.go.kr 국회도서관

입법 지식, 법령자료, 논문, 소장 자료 검색

48. http://www.dlibrary.go.kr 국가전자도서관

국내 주요 도서관 연계 통합 검색

49. http://www.nl.go.kr 국립중앙도서관

학위논문 검색, 연구자료 등 통합검색

50. http://www.archives.go.kr 국가기록원

국가 기록물 검색

51. http://www.worldpolitics.ne.kr 국제정치 포털

국내, 미국, 일본, 중국, 유럽, 중동 뉴스 데이터베이스

52. http://www.kinds.or.kr 카인즈

한국언론재단-종합일간지, TV 뉴스, 인터넷뉴스, 잡지 등 기사 검색

53. http://www.mediagaon.or.kr 미디어가온

국내 기사 통합 검색 가능, 1990년 이전기사 검색도 가능

54. http://www.newspaper.co.kr 신문가게

국내 신문 링크 모음

55. http://www.kossda.or.kr 한국사회과학자료원

국내외 사회과학분야 연구 논문, 보고서, 학위논문 등

56. http://www.slrrent.com 에스엘알렌트

카메라, 캠코더 등 촬영용 소품 및 장비대여

57. http://www.j4.co.kr 제이포 엔터테인먼트

카메라, 캠코더, 녹음장비, 기타 특수장비 대여

58. http://www.mensmagic.net 맨스매직

얼굴에 변화가 필요할 때 붙이는 수염제조(콧수염, 턱수염, 구레나룻)

59. http://www.rental119.co.kr 렌탈119

종합 렌탈(테마별 가능)

60. http://www.rentalheaven.co.kr 렌탈천국

종합 렌탈(테마별 가능)

61. http://www.ngo-dress.com 엔지오

상황에 맞는 모든 의상대여점(세계 민속 의상, 경찰 및 군인 의상, 병원의상, 역무원 의상 등)

62. http://cafe.naver.com/notouch7　백두산카페

　금융투자 사기, 불법 다단계 피해의 사전 확인과 예방 정보

63. http://www.thecheat.co.kr　더치트

　인터넷 사기 피해 정보 공유, 피의자 목록, 대응 방법

64. http://www.fcsc.kr　e-금융민원센터

　제도권 금융회사 목록 조회

65. http://www.ftc.go.kr　공정거래위원회

　불법 다단계 확인, 사업자 정보 공개

66. http://www.carhistory.or.kr　카히스토리

　보험개발원 제공 자동차 사고 이력 조회

67. http://cyberbureau.police.go.kr　경찰청 사이버 안전국

　사이버 범죄 피해 예방과 신고

68. http://www.iitp.kr　정보통신기술 진흥센터

　정보화 관련 자료 조사

69. http://www.nipa.kr　정보통신산업 진흥원

　IT 관련 정보 및 통계 자료, 분쟁 조정

70. http://www.dmcreport.co.kr　DMC리포트

　온라인 리서치(시장 조사 및 보고서)

71. http://www.kallup.co.kr　한국갤럽

　리서치 마케팅, 조사 프로그램 제공

72. http://www.jpnews.kr　제이피뉴스

　일본 관련 정보 등 기사 검색

73. http://www.tdb.co.jp   제국데이터뱅크

일본 기업 관련 정보, 기업가치 평가, 경기 동향 등

74. http://www.tsr-net.co.jp   도쿄 상공 리서치

일본 및 전 세계 기업 관련 정보

75. http://www.ndl.go.jp   일본 국립국회도서관

도서자료 검색, 국회 회의록 정보 수록

76. http://www.insecam.org   인세캠

전 세계 방범 카메라 실시간 정보(불법 유해정보로 현재 차단 상태)

77. http://www.marinetraffic.com   마린트래픽

전 세계 선박 실시간 위치 추적, 경로 및 선박 사진 보유

78. http://www.flightradars.eu   항공레이더

전 세계 항공기 실시간 위치 추적, 이동 경로 조회

79. http://bls.dor.wa.gov/LicenseSearch

미국 워싱턴주 면허 관련 조회

80. http://www.bsis.ca.gov/licensees

http://www.breeze.ca.gov

미국 캘리포니아주 면허 관련 조회

81. http://www.google.co.kr

관련된 정보가 전혀 없을 때

사람찾기 사이트 모음

써치맨   http://www.searchman.co.kr

검은베레21   http://www.blackberet21.co.kr

http://cafe.daum.net/super2007

실종아동   http://www.missingchild.or.kr

이산가족정보통합시스템   http://reunion.unikorea.go.kr

평화통일문제연구소   http://www.pyung.co.kr

강원대학교   http://cc.kangwon.ac.kr/~sulb/jisearch.htm

공군인터넷전우회   http://www.rokafis.or.kr

대한민국해군전우회   http://cafe.daum.net/knva

쉐어플라자   http://www.shareplaza.com

대한민국재향군인회   http://www.korva.or.kr

찾아주세요   http://art100.co.kr

한국인물연감   http://www.koreanvip.co.kr

해병대전우회   http://rokmcva.kr

해병닷컴   http://www.haebyeong.com

호남인물정보   http://people.honam.co.kr

이북5도위원회　http://www.ibuk5do.go.kr

네이버인물검색　http://people.search.naver.com

대한태권도협회　http://www.koreataekwondo.org

인터넷미주통일신문사　http://www.unitypress.com

홀트아동복지회　http://www.holt.or.kr

경찰청유실물종합안내　http://www.lost112.go.kr

서울메트로유실물센터　http://www.seoulmetro.co.kr

조선일보인물정보　http://people.chosun.com

중앙일보인물검색　http://people.joins.com

경찰청실종아동찾기　http://www.safe182.go.kr

서울시아동복지센타　http://child.seoul.go.kr

전미찾모　http://www.mia182.or.kr

한국컴퓨터선교회　http://www.kcm.kr

아이러브스쿨　http://www.iloveschool.co.kr

미국이산가족센타　http://www.familyinusa.com

미주서치닷컴　http://www.mijusearch.com

시드니한인회　http://www.koreanet.org.au

브라질한인회　http://www.haninbrasil.org

뉴욕한인회　http://www.nykorean.org

호치민한인회　http://www.koreanhcm.org

각나라별 한인회 홈페이지안내

　http://blog.daum.net/greenhirte/15825642

해외교포 한인회 홈페이지 및 교민커뮤니티 안내

http://www.cdmatv.com

■ 한국 체류 외국인 모이는 장소 모음(온라인모임)

주한 외국인 관련 유용한 정보

http://e-link.co.kr/bbs/board.php?bo_table=comweb

조선족 커뮤니티 http://bbs.moyiza.com

연변 조선족 커뮤니티(19개) http://www.wqshw.com/kr

■ 한국 체류 외국인 모이는 장소 모음(오프라인모임)

[서울]

용산구 이태원동 무슬림 타운

용산구 이태원동 아프리카 타운(이태원파출소 뒤)

동대문구 광희동(동대문역사문화공원 5번 출구): 국내 최대 중앙

아시아 촌. 러시아 거리, 우즈베키스탄 거리 등 카자흐스탄, 키르

기스스탄 등

동대문구 광희동 신금호 타워(일명 몽골타워): 몽골인 모이는 곳

종로구 창신동(동묘 역 부근): 네팔인 모이는 곳

구로구 가리봉동: 국내 최대 조선족 타운

영등포구 대림동: 국내 최대 조선족 타운

관악구 봉천동: 국내 최대 조선족 타운

성동구 왕십리동: 베트남인 모이는 곳

종로구 혜화동 성당 인근: 필리핀인 모이는 곳

[경기도]

안산시 원곡동: 다문화 특구 거리(건물 2, 3층에 고시원 밀집)

    중국인, 베트남인, 필리핀인, 태국인, 네팔인, 방글라데시
    인, 인도네시아인, 스리랑카인, 우즈베키스탄인, 나이지리
    아 등의 아프리카인이 모이는 장소

수원시 권선구 세류동: 조선족 타운

시흥시 정왕본동:

    신흥지역으로 중국인, 베트남인, 필리핀인, 태국인, 네팔
    인, 방글라데시인, 인도네시아인, 스리랑카인, 우즈베키스
    탄인, 나이지리아 등의 아프리카인 등이 모이는 장소

[기타]

부산시 초량동: 상해거리

김해시 서상동: 외국인 거리

당진, 천안 서북구, 아산 등의 산업단지 주변

실종자 및 가출자 자료 작성은 이렇게 하자

실종자 자료 작성방법

실종자 또는 가출자에 대한 정보수집이 행방조사의 첫걸음이다. 이때 의뢰자와 관계자로부터 최대한의 정보를 얻어내야 하기 때문에 반드시 아래의 작성법을 토대로 사건 조사에 임해야 한다.

■ 실종자 및 가출자 정보

- 성명: • 성별:
- 생년월일:
- 주민등록상 주소:
- 실거주지 주소:
- 핸드폰번호: • 이메일:
- 인터넷 사용 ID:
- 직업: • 회사명:
- 전화번호: • 여권 번호:
- 실종(가출)일시: • 실종(가출)장소:
- 실종(가출)사유:

- 신장:
- 체중:
- 머리 모양:
- 가발:
- 수염:
- 점:
- 안경:
- 인상:
- 상처:
- 문신:
- 혈액형:
- 취미:
- 선천성 장애:
- 후천성 장애:
- 음주:
- 담배:
- 도박:
- 약물:
- 돈 씀씀이:
- 상비약:

■ 실종자 및 가출자 가족정보
- 부모 이름:
- 부모 직업:
- 배우자 이름:
- 생년월일:
- 배우자 주소:
- 연락처:
- 자녀 이름:
- 생년월일:
- 자녀가 다니는 학교:
- 과거 배우자 이름:
- 직업:
- 과거 배우자 현주소:
- 생활상태:
- 이혼사유:
- 양육비금액 및 송금방법:

- 신용 및 공공정보
  - 거래은행:
  - 현금카드: • 신용카드:
  - 은행차입: • 매월 상환액:
  - 소유부동산: • 생명보험:
  - 소송관계: • 범죄경력:

- 건강 관련 정보
  - 건강보험의 종류: • 건강보험증 번호:
  - 건강진단결과: • 지병:
  - 단골 병원 및 의사: • 입원 이력:
  - 틀니: • 치과 치료 이력 및 의사:
  - 시력: • 콘택트렌즈 착용 여부:
  - 콘택트렌즈/안경 구입점 및 전화번호:

- 회사 관련 정보
  - 회사명: • URL:
  - 주소지 및 전화번호:
  - 담당 부서: • 사무내용:
  - 수입: 월급(   ), 보너스(   ), 기타수입(   )
  - 상사/부하/동료평가:
  - 이성 사원 여부: • 거래처 관계:

■ 차량 관련 정보

- 차량검사증 유무(대포차):

- 차량 번호: • 차명:

- 연식 및 배기량: • 소유자 명의:

- 면허증 종류 및 번호: • 면허증 유효기간:

- 교통위반 이력: • 면허정지 이력:

■ 신앙생활 관련 정보

- 종교: • 소속지부 및 소재지:

- 종교활동: • 기부금:

- 담당 지도자: • 신앙생활 반대자:

■ 특수정보

- 과거의 실종(가출) 이력:

- 과거 발견장소:

■ 착안점

- 동행할 가능성이 있는 사람은?

- 연락을 가장 먼저 취할 가능성이 있는 사람은?

- 학교 또는 직장 그리고 주변 인물들 중 실종(가출)자는?

- 학교 또는 직장을 그만두고 싶다고 했는지?

- 실종(가출) 전 귀가시간은 어땠는지?

- 불분명한 차량, 핸드폰, 열쇠 또는 카드 등을 소유하고 있었는지?
- 다른 사건에 연루됐을 가능성은 없는지?
- 원인 불명의 지출은 없었는지?

■ 초동조사

- 친구 지인(내연녀, 내연남을 포함):
- 학교 회사:
- 이용하는 역이나 버스정류소 주변:
- 가까운 이웃: • 아파트 경비:
- 집 주인: • 근처상점:
- 단골 술집: • 단골 음식점:
- 이동 동선에 따른 CCTV 위치와 CCTV 자료 보전(CCTV 자료
  는 보통 15~30일 보관 후 자동삭제됨):

※ 위 자료는 일본 조사업 협회의 자료를 참고로 하여 작성되었습니다.

전국 청소년쉼터 현황

가출한 청소년들의 행방이 궁금할 때는 이곳에서 도움을 받아보기 바란다.

쉼터 명칭	주소		
	전화번호	수용인원	홈페이지
강남구 청소년쉼터	[06353] 서울시 강남구 광평로 185 태화기독교사회복지관 6층		
	02-512-7942	15(남자)	ts7942.or.kr
강북 청소년드림센터	[01054] 서울 강북구 한천로140길5-26		
	02-6435-7979	10(남자)	www.gbdream.or.kr
강서 청소년쉼터	[07723] 서울 강서구 초록마을로 10길 5 (화곡동)		
	02-2697-7377	10(남자)	www.ishelter.or.kr
금천 중장기 청소년쉼터	[08578] 서울 금천구 독산로73길10-16		
	02-659-1011	10(남자)	www.youthzone.or.kr
망우 청소년단기쉼터	[02062] 서울 중랑구 송림길156 망우청소년수련관		
	02-493-1388	19(남자)	www.mangwoo1388.or.kr
서울시립 금천청소년쉼터	[08590] 서울 금천구 가산디지털1로 118		
	02-3281-8200	10(남자)	www.youthzone.or.kr

쉼터 명칭	주소		
	전화번호	수용인원	홈페이지
서울시립 신림 중기생활전환쉼터	[08856] 서울 관악구 난곡로24가길 54		
	02-3281-7942	10(남자)	
서울시립 신림청소년쉼터	[08753] 서울 관악구 신림로376 대경빌딩 3층		
	02-876-7942	20(남자)	www.shelter.or.kr
서울시립 용산 청소년일시쉼터	[04302] 서울 용산구 만리재로156-1		
	02-718-1318	10(남자)	www.nuryworld.kr
서울시립 청소년이동쉼터(동남)	[05408] 서울 강동구 강동대로 229 오륜커뮤니티센터 602		
	02-6239-2014		
서울시립 청소년이동쉼터(서남)	[03164] 서울 종로구 종로11길11 인사동, YMCA 별관 3층		
	02-722-1318	15(남자)	www.foxstar.or.kr
어울림청소년쉼터	[07656] 서울 강서구 공항대로 48길 76, 에루뜨빌라 303호		
	02-302-9006	7(여자)	cafe.daum.net/Eowoolim
부산광역시 남자 단기청소년쉼터	[46943] 부산 사상구 모덕로 82		
	051-303-9672	15(남자)	
부산광역시 남자 중장기청소년쉼터	[46943] 부산 사상구 모덕로 82		
	051-303-9671	7(남자)	bsycst.or.kr
부산광역시 여자 단기청소년쉼터	[48285] 부산 수영구 광안해변로 255번길 58		
	051-756-0924	15(여자)	www.shelter1004.org
부산광역시 여자 중장기청소년쉼터	[46222] 부산 금정구 팔송로 39번길 109 범어사 사회복지센터		
	051-581-1388	10(여자)	www.bmswc.or.kr

쉼터 명칭	주소		
	전화번호	수용인원	홈페이지
부산광역시 이동청소년쉼터	[46943] 부산 사상구 모덕로 82		
	051-303-9677	15(남녀)	bsdi.or.kr
대구광역시 달서구 청소년쉼터	[42733] 대구 달서구 와룡로 10안길 11		
	053-526-1318	15(남자)	yw1318.com
대구광역시 일시청소년쉼터	[42031] 대구 수성구 동원로1길5		
	053-764-1388	10(남녀)	www.ggummaru.or.kr
대구광역시 중장기 여자청소년쉼터	[41936] 대구 중구 중앙대로375, 대구YMCA		
	053-426-2276	10(여자)	www.tgymca.or.kr
대구광역시 중장기 청소년쉼터	[41919] 대구 중구 서성로 14길 21-8, 3층		
	053-426-2276	7(여자)	blog.daum.net/dgymcas/2
대구광역시 청소년쉼터	[41934] 대구 중구 중앙대로 81길 66-5 대구청소년지원재단		
	053-659-6290	10(여자)	shelter.daeguyouth.net
인천광역시 우리들청소년쉼터	[21437] 인천 부평구 아트센터로60번길4 금강쉐르빌		
	032-442-1388	15(남자)	www.lovehome.or.kr
인천광역시 일시쉼터한울타리	[21415] 인천 부평구 경인로1059번길10, 한울타리		
	032-516-1318	60(남녀)	cafe.daum.net/h-dropin
인천광역시 청소년쉼터바다의별	[22155] 인천 남구 남주길125번길5		
	032-438-1318	15(남자)	
인천광역시 청소년 여자쉼터하모니	[21537] 인천 남동구 인주대로801 대영빌딩 4, 5층		
	032-468-1318	15(여자)	www.icshimter.or.kr

쉼터 명칭	주소		
	전화번호	수용인원	홈페이지
인천광역시 청소년 일시쉼터 꿈꾸는별	[21931] 인천 연수구 원인재로 156		
	032-817-1318	30(남녀)	www.icstar.net
인천광역시 청소년 중장기쉼터 예꿈	[21543] 인천 남동구 백범로157번길34-15 원빌리지 301호		
	032-465-1393	8(여자)	home1318.com
인천광역시 청소년 중장기쉼터 별마루	[22156] 인천 남구 제일로40번길85, 대창빌라 가동 501호		
	032-875-7718	7(남자)	
청소년 여자 단기쉼터 하늘목장	[21401] 인천 부평구 수변로45-2		
	032-528-2216	15(여자)	
대전광역시 이동일시청소년쉼터	[34830] 대전 중구 우암로5, 3층		
	042-221-1092	남녀	
대전광역시 중장기 청소년남자쉼터	[35277] 대전 서구 계룡로 342번길 108, 현진빌라 402호		
	042-528-7179	7(남자)	cafe.naver.com/ newsprout79
대전광역시 중장기 청소년여자쉼터	[35266] 대전 서구 갈마로 147번길 5-8		
	042-534-0179	10(여자)	www.djshimter.or.kr
대전광역시 청소년남자쉼터	[34921] 대전 중구 대종로 488번길 9, 보육정보센터 5층		
	042-223-7179	30(남녀)	www.shimter.or.kr
대전광역시 청소년 드롭인센터 우리자리	[34913] 대전 중구 보문로 268번길 26-1, 3층		
	042-673-1092	남녀	www.woorijari.net
대전광역시 청소년여자쉼터	[34921] 대전 중구 대종로 488번길 9, 보육정보센터 4층		
	042-256-7942	15(여자)	www.shimter.or.kr

| 쉼터 명칭 | 주소 | | |
	전화번호	수용인원	홈페이지
울산광역시 남자단기청소년쉼터	[44240] 울산 북구 화동11길 28		
	052-261-1388	10(남자)	www.micos79.or.kr
울산광역시 청소년쉼터	[44962] 울산 울주군 웅촌면 대복2길 18-1		
	052-223-5186	10(남자)	www.ulsan7942.or.kr
울산 남구 여자단기청소년쉼터	[44673] 울산 남구 돌질로27번길 14 (신정동)		
	052-269-1388	10(여자)	1388.ulsannamgu.go.kr/ cmm/main/mainPage79.do
울산 남구 여자 중장기청소년쉼터	[44721] 울산 남구 꽃대나리로 15번길 6 드림타운 303호 (달동)		
	052-265-1388	10(여자)	
광주 청소년쉼터	[61245] 광주 북구 중가로43, 광주YWCA건물 5층		
	062-525-1318	10(여자)	ywca1c.com
광주광역시 남자청소년쉼터	[61465] 광주 동구 제봉로 82번길 13-8		
	062-227-1388	10(남자)	
광주광역시 중장기 청소년쉼터 맥지쉼터	[61502] 광주 동구 지원로 34, 5층		
	062-366-1318	8(남녀)	
광주광역시 청소년일시쉼터	[61252] 광주 북구 경양로135번길31, 2층		
	062-527-1318	8(남녀)	
광주광역시 청소년 중장기남자쉼터	[62051] 광주 서구 풍금로 24번길 5-1 풍암빌		
	062-714-1388	10(남자)	kgyshelter1388.or.kr
고양열린청소년쉼터	[10244] 경기도 고양시 일산서구 현중로 26번길 37-9		
	031-918-1366	남자	

쉼터 명칭	주소		
	전화번호	수용인원	홈페이지
고양 청소년쉼터 둥지	[10317] 경기 고양시 일산동구 견달산로 161번길 77		
	031-969-0091	15(남자)	www.teenteen.or.kr
구리시 여자 청소년쉼터 보금자리	[11929] 경기 구리시 경춘로242번길 31-13		
	031-564-7707	10(여자)	www.voice1366.org
군포시 청소년쉼터 하나로	[15805] 경기 군포시 군포로 791 (산본동)		
	031-399-7997	10(남자)	www.hanaro.sc.kr
그루터기 청소년쉼터	[17308] 경기 이천시 양진로 59-6		
	031-631-1388	7(여자)	
남양주시 일시청소년쉼터	[12239] 경기 남양주시 홍유릉로 248번길 39, 다남프라자 203호		
	031-591-1319	12(남녀)	www.nyj1319.or.kr
민들레뜨락	[13997] 경기 안양시 만안구 안양동 안양로263번길 31,청소년상담실 3층		
	031-464-1388	12(남자)	
부천시 모퉁이청소년쉼터	[14669] 경기 부천시 원미구 부일로 763번길 16-23 (역곡동)		
	032-343-1880	12(여자)	www.bucheon.go.kr/ site/main/index061
부천시 청소년일시쉼터	[14641] 경기 부천시 원미구 부천로54번길9, 2층		
	032-654-1318	15(남녀)	
성남시 새날을 여는 청소년쉼터	[13385] 경기 성남시 중원구 마지로 29, 럭키주상복합 201호		
	031-758-1213	15(여자)	newdays.or.kr

쉼터 명칭	주소		
	전화번호	수용인원	홈페이지
성남시 중장기 여자청소년쉼터	[13360] 경기 성남시 중원구 원터로 106 번길4, 3층		
	031-758-1720	10(여자)	newdays.or.kr
성남시 중장기 남자청소년쉼터	[13291] 경기 성남시 수정구 수정로 171 번길 21-13		
	031-752-9050	10(남자)	cafe.naver.com/ annahouseshelter
성남시 청소년일시쉼터	[13291] 경기 성남시 수정구 탄리로 80, 2층 (태평동)		
	031-758-1388	12(남녀)	newdays.or.kr
성남시 푸른청소년쉼터	[13375] 경기 성남시 중원구 산성대로 80번길 12-4		
	031-722-6260	15(남자)	www.purumi.net
수원 남자청소년쉼터	[16474] 경기 수원시 팔달구 장다리로 233길 12-17 (인계동)		
	031-232-4866	15(남자)	www.youth-shelter.co.kr
수원 여자청소년쉼터	[16564] 경기 수원시 권선구 권선로640번길 11, 3층		
	031-232-7982	15(여자)	www.youth-shelter.co.kr
시흥시 단기 여자 청소년쉼터 자연인	[15049] 경기 시흥시 오동마을로 33, 금광빌딩5층		
	070-4158-0079	14(여자)	
안산시 청소년 남자쉼터 징검다리	[15455] 경기 안산시 단원구 원포공원1로 35, 제일프라자 501호		
	031-481-8232	19(남자)	www.ansanshelter.or.kr
안산시 청소년쉼터 한신	[15256] 경기 안산시 상록구 예술대학로 8길 17 (월피동)		
	031-485-0079	15(여자)	
안양시 청소년쉼터 FORYOU	[14082] 경기 안양시 동안구 경수대로 665번길 31, (호계동, 한길맨션B동)		
	031-455-9182	15(남자)	www.yea21.net

쉼터 명칭	주소		
	전화번호	수용인원	홈페이지
안양 여자청소년쉼터 호숙	[14109] 경기 안양시 동안구 경수대로606, 봉성빌딩 5층		
	031-468-5141	10(여자)	
용인 푸른꿈 청소년남자쉼터	[16841] 경기 용인시 수지구 풍덕천로96 번길 9-1		
	031-276-0770	15(남자)	www.greendream.or.kr
용인 푸른꿈 청소년여자쉼터	[16832] 경기 용인시 수지구 풍덕천로 189번길 4-11, 301호		
	031-264-7733	10(여자)	www.greendream.or.kr
의정부시 남자청소년쉼터	[11654] 경기 의정부시 경의로 56, 유풍빌딩 5층		
	031-829-1318	15(남자)	www.dreamforten.co.kr
의정부시 여자청소년쉼터	[11617] 경기 의정부시 비우로12, 기독청소년비전센터 3, 4층		
	031-837-1318	15(여자)	www.dreamforten.co.kr
의정부시 이동청소년쉼터	[11617] 경기도 의정부시 비우로 12 청소년비전센터 1층		
	031-871-1318	남자	
평택시 청소년쉼터	[17887] 경기 평택시 매봉산 4길 26, 2층 (비전동)		
	031-652-1319	14(여자)	
화성시 여자청소년쉼터	[18312] 경기도 화성시 봉담읍 삼천병마로 1311 (수영프라 자 202호)		
	031-227-7935	14(여자)	
경상남도 꿈누리 청소년쉼터	[51514] 경남 창원시 성산구 용지로133번길 11, 3층		
	055-285-7361	10(남녀)	
김해 YMCA 단기여자청소년쉼터	[50918] 경남 김해시 분성로 277, 5층		
	055-332-1318	10(여자)	ya1318.co.kr

쉼터 명칭	주소		
	전화번호	수용인원	홈페이지
마야 청소년쉼터	[51455] 경남 창원시 성산구 비음로 55번길 14-3		
	055-274-0924	7(남자)	
클라라의 집	[52674] 경남 진주시 석갑로142번길3, 장미빌 4층		
	055-745-1316	7(여자)	
청소년 하라단기쉼터	[51163] 경남 창원시 의창구 하남천서길 37번길 6-4		
	055-237-1318	10(남자)	www.hara1318.or.kr
경상북도 청소년남자쉼터	[39319] 경북 구미시 형곡로 158, 지언빌딩 5층		
	054-455-1234	12(남자)	www.gbybs.com
경상북도 청소년쉼터 (희망의샘 쉼자리)	[36693] 경북 안동시 태사길 53-9		
	054-857-6137	7(여자)	www.gbshimter.com
구미시 청소년쉼터	[39302] 경북 구미시 원남로 10길 13-3		
	054-444-1388	12(여자)	
울진군 청소년일시쉼터	[36323] 경북 울진군 울진읍 울진중앙로 141-21(군청1호 관사)		
	054-781-8006	7(남녀)	
포항시 중장기 청소년여자쉼터	[37692] 경북 포항시 북구 양학로 102번길 7		
	054-244-1316	7(여자)	
포항시 중장기 청소년남자쉼터	[37787] 경북 포항시 북구 중앙로 176, 2층		
	054-284-1318	7(남자)	
목포시 단기 남자청소년쉼터	[58708] 전남 목포시 백년대로11번길 8		
	061-278-1388	10(남자)	www.youthself.com

쉼터 명칭	주소		
	전화번호	수용인원	홈페이지
목포시 유달여자청소년쉼터	[58695] 전남 목포시 하당로 60번길 9		
	061-283-1088	10(여자)	
목포시 청소년 중장기남자쉼터	[58651] 전남 목포시 송림로45		
		10(남자)	
여수시 일시청소년쉼터	[59754] 전남 여수시 대교로 51		
	061-644-0918	10(남녀)	
여수 중장기청소년쉼터	[59687] 전남 여수시 신기남2길 28 (풀잎문화센터 3층)		
	061-661-0924	10(여자)	
장흥탐진그룹홈	[59337] 전남 장흥군 장흥읍 평화신기2길1		
	061-864-0016	7(남녀)	
군산 꽃동산 여자 중장기청소년쉼터	[54079] 전북 군산시 검다메안길 6-6, 2층		
	063-451-1091	7(여자)	www.f1091.com
익산 청소년일시쉼터	[54622] 전북 익산시 인북로32길17, 남중교회교육관		
	063-838-1091	12(남녀)	cafe.naver.com/hope1091
임마누엘 청소년쉼터	[55014] 전북 전주시 덕진구 진버들6길 30-22		
	063-244-1774	8(남자)	
전주 청소년한울안쉼터	[54935] 전북 전주시 덕진구 팔달로 350 (진북동)		
	063-251-3530	12(남자)	한울안청소년쉼터.kr
전주 푸른청소년쉼터	[55024] 전북 전주시 덕진구 무삼지3길 5-6(기독교청소년협회)		
	063-252-1091	10(여자)	www.1091.org

쉼터 명칭	주소		
	전화번호	수용인원	홈페이지
아산 옥련청소년쉼터	[31520] 충남 아산시 삼동로29 성심빌딩 4층		
	041-548-1326	14(남자)	okryun.or.kr
천안 청소년단기남자쉼터	[31136] 충남 천안시 서북구 서부7길 4		
	041-578-1389	12(남자)	www.shimter1388.com
천안 청소년단기여자쉼터	[31142] 충남 천안시 서북구 성정7길 35		
	041-576-1316	12(여자)	www.shimter1388.com
천안 청소년중장기쉼터	[31142] 충남 천안시 서북구 백석로278		
	041-576-1389	10(남자)	
청로 여자청소년쉼터	[32219] 충남 홍성군 홍성읍 의사로 36번길 49, 4층		
	041-631-6560	8(여자)	
청로 일시청소년쉼터	[32219] 충남 홍성군 홍성읍 의사로 36번길 49, 3층		
	041-634-6564	8(남녀)	
디딤돌 청소년쉼터	[27402] 충북 충주시 호암대로127 디딤돌청소년쉼터		
	070-7758-1690	7(여자)	www.ddd1691.com
청주시 청소년쉼터 느티나무	[28394] 충북 청주시 흥덕구 풍년로194번길 60-4(명성장로교회)		
	043-276-1318	12(여자)	www.cjfriend2676.co.kr
청주시 청소년일시쉼터	[28715] 충북 청주시 상당구 상당로26번길 21(서운동 노인정)		
	043-225-1888	10(남자)	com-in.kr
청주 청소년쉼터	[28394] 충북 청주시 흥덕구 풍년로 194번길 60-4		
	043-231-2676	15(남자)	www.cjfriend2676.co.kr

쉼터 명칭	주소		
	전화번호	수용인원	홈페이지
충청북도 중장기청소년쉼터	[28595] 충북 청주시 흥덕구 신율로 166, 3층		
	043-266-2204	7(남자)	
(주)농업법인 린	[24621] 강원 인제군 북면 원통로128번길25		
	033-463-9011	25(남자)	
강원도 일시청소년쉼터	[24255] 강원 춘천시 후석로379번길27 강원도일시청소년쉼터(춘천YMCA 3층)		
	033-256-0924	10(남자)	
강원도 중장기 청소년쉼터 보금자리	[24207] 강원 춘천시 화목원길 166		
	033-244-5118	8(남자)	
삼척 청소년쉼터	[25933] 강원도 삼척시 근덕면 삼척로3644		
	033-573-4914	남녀	
열린공부방	[24703] 강원 고성군 현내면 대진항길141-1 열린공부방		
	033-681-4705	19(남녀)	
춘천YMCA 강원도 단기남자청소년쉼터	[24255] 강원 춘천시 후석로 379번길 27, 4층 YWCA		
	033-255-1002	15(남자)	www.gw1318.or.kr
춘천YMCA 강원도 단기여자청소년쉼터	[24210] 강원 춘천시 동면 춘천로 527-40		
	033-255-1004	15(여자)	www.gw1318.or.kr
서귀포 청소년쉼터	[63592] 제주 서귀포시 서문로 25 (2층, 서귀동)		
	064-762-0361	8(남자)	
온누리 청소년쉼터	[63585] 제주 서귀포시 장수로 2		
	064-733-1376	10(여자)	

쉼터 명칭	주소		
	전화번호	수용인원	홈페이지
제주시 단기 청소년쉼터(여자)	[63279] 제주 제주시 만덕로3길 2, 3층		
	064-751-1388	10(여자)	
제주시 중장기 청소년쉼터(남자)	[63320] 제주 제주시 벌랑길 47 (삼양3동)		
	064-759-1388	10(여자)	jejushelter.org
제주 청소년일시쉼터	[64014] 제주 북제주군 한림읍 명월로 324-3		
	064-796-0922	7(남자)	www.feelyou1388.com
제주시 중장기 청소년쉼터(남자)	[63320] 제주시 벌량길 47(삼양3동)		
	064-759-1388	12(남녀)	www.feelyou1388.com

사실조사 계획안(내사계획 및 견적서) 예시

목적 및 조사중점

■ 목적

- (주)○○○의 기술유출로 인한 피해사실 규명
- 당시 퇴직자그룹중 나○○과 해당자에 대한 혐의사실을 밝혀 손해배상 및 법의 정당한 심판청구

■ 조사중점

- 퇴직시점 당시의 회사의 내·외부 상황 검토
  (퇴직자그룹의 상호연관성)
- 수집된 첩보 및 정보를 통한 사실 확인 채증
- 퇴직자그룹중 우선 나○○ 주변인물 대상 혐의 내용 채증 주력
- 단계별, 대상자별 구분 입체적 조사를 통한 결정적 단서 확보

사실조사 일반계획

■ 조사기간

- 1단계: 체결시부터　일
- 2단계:
- 3단계:

■ 조사인원
- 국내: ○명(최소인원)

■ 조사팀 구성
- ○○○○조사사무소 특수조사팀(팀장 1명, 팀원 2명)

■ 조사활동비
- 국내: 2,800만원(700만원/1주간 4주), 경비60% 선지급
  ※ 전문조사원 인건비 기본은 시간당 50,000원 선임
  ※ 조사활동비는 의뢰인측의 요청기간에 맞추어 진행하며 조사단계별 체계적인 조사가 이루어져야 하나 나○○에 국한된 조사로 비용 산출 하였으며 대상자의 지방출장이나 유흥업소 등의 출입으로 발생되는 비용 등은 의뢰인측에서 별도 부담하는 조건임.(예, GIFT CARD)
  (필요시 협조자 회유비, 기밀비 등 예비비 지원)
- 매주 1회 또는 필요시 조사팀장과 회사담당자와 미팅을 통한 진행사항 토의 및 공유

- **1단계**
  - 퇴직자 그룹의 상호 연관성등 특이점 파악

    (퇴직시 회사에서 간과한 결정적 단서 확보)
  - 나○○에 대한 정보수집주력

    (현거주지, 직장 또는 하는일, 차량등)

- **2단계**
  - 나○○의 동선파악과 주변인물과 접촉대상자들 List작성
  - 실태파악으로 계보도 작성
  - 퇴직전 사전공모한 흔적이나 단서가 있는지 채증

    (매수로 인한 내부 정보제공자 가능성여부 파악)
  - 핵심인력 퇴직자들과 위장업체 설립 여부 파악-탐문조사병행

    (겉으로 위장기업을 설립하여 해당분야 연구인력 모집)
  - 컨설팅사 협력업체를 통한 기술유출 검토-탐문조사병행

- **3단계**
  - 1단계~2단계 조사내용을 토대로 종합분석 및 혐의점 확인
    - 우선대상자 나○○을 중심으로 확실한 증거 채증
    - 범죄혐의를 입증할 단서별 분류종합
    - 법률적 적용 검토(변호사 또는 변리사)

주요제한사항

설계도면 등의 기술자료 피해사실에 부합할 만한 혐의사실 단서

확보제한가능성 내포

결어

저희 ○○○○○는 의뢰인의 요청에 맞는 맞춤형 사실조사를 통

해 목적을 달성하도록 최선을 다하겠습니다.

견 적 서

2000년 00월 00일

(주)○○○○한국 귀하

아래와 같이 견적합니다.

공 급 자	등록번호	113-86-00000		
	상호 (법인명)	(주)○○○○	성명	김성도 (인)
	사업장주소	서울구로구신도림동337		
	업 태	서비스	종목	컨설팅
	전화번호	02-0000-0000		

합계금액 貳阡五百七拾萬四百원整   (₩25,700,400)
(공급가액+세액)

(단위: 원)

품 명	조사 인력	조사 기간	단가	공급가액	부가세	비고
1. 인건비(팀장1,팀원2)	3명	6일	880,000	5,280,000	528,000	1H/50,000 1H/30,000
2. 경비						
2-1)차량비용	1대	6	70,000	420,000	42,000	중형기준(소나타급)
2-2)영업용택시대여비 (필요시)			150,000			
2-3)모터사이클비용 (필요시)			100,000			
2-4)자전거비용(필요시)			30,000			
2-5)연료비	1일	6	50,000	300,000	30,000	
2-6)장비사용료(캠코더 외 녹음 기자재등)	1일	6	150,000	900,000	90,000	SONY-CX900외 고성능장비대여
2-7)식비	3명	6	30,000	180,000	18,000	
경비 소계				1,800,000	180,000	
합계(1+2)				7,080,000	708,000	
3. 기업이윤(10%)				708,000	70,800	
조사는 현장 여건에 따라 진행되는 관계로 경비증감(실비정산임)이 있을 수 있음을 알려드립니다.						
TOTAL			Nego	7,788,000 7,000,000		1주 진행경비

사실조사 의뢰계약서(A안) 예시

계약번호: 계약일시:

___

　의뢰인은 조사 수임자로부터 사실조사 의뢰계약과 관련하여 중요 사항에 대한 설명을 듣고 본 계약을 체결함에 있어 계약내용을 충분히 이해하였기에 사실조사를 진행하여 줄 것을 요청하며 본 계약을 체결한다.

1. 의뢰인

- 성명 또는 회사명:　　　　· 주민등록번호:
- 전화번호:　　　　　　　· 이메일 주소:
- 주민등록상 주소:　　　· 실거주지 주소:
- 근무처:
- 조사 이용 목적:
- 신분 확인:　　　㉮주민등록증( )　　㉯운전면허증( )
　　　　　　　　　㉲여권( )　　　　　㉰사원증( )
　　　　　　　　　㉱기타( )　　　　　㉲없음( )

2. 피조사인 또는 회사명

- 성명 또는 회사명: • 전화번호:
- 주민등록상 주소: • 실거주지 주소:
- 특징: 신장(   ), 몸무게(   )
- 기타 신체 특징:
- 근무처: • 조사의 범위:
- 이용 차량:

3. 조사유형과 기간·조사요금

- 조사 유형:

  고용관련조사( )   행적 조사( )

  소재조사( )   개인신용도조사( )

  결혼예비배우자조사( )   부동산조사( )

  기업조사( )   기타조사( )

- 의뢰인 당부사항:

  (   )

- 조사기간: • 조사요금:
- 계약시:

  착수금(/60%), 잔금(/40%), **지불방법**(   )

  ※ 조사실비(견적서에 포함되어 있으나 실제 현장 상황에 따라 증감하는 경우도 있음)

- 부가가치세(10%):   • **총 조사금액:**

4. 조사보고서 제출방법

- 조사보고서제출:

  구두보고(　)　　　　　조사보고서제출(　)　　　　기타(　)

- 조사보고서 제출기한:

- 조사보고서 보관기한:

5. 조사수임자

- 회사명:　　　　　　　　• 사업자등록번호:

- 소재지:　　　　　　　　• 대표자명:

- 전화번호:

◈특약사항

1. "해약청산금"

의뢰인의 사정에 따라 24시간내에 해약할 경우 착수금을 기준으로 70%를 지급하며, 조사를 위해 예비 조사에 이미 착수하였을 경우에는 착수금은 해약금으로 간주하여 지급하지 않는다.

2. "조사제한관련사항"

조사대상자의 조사방법과 조사여건의 정보가 관련법 등으로 제한이 있을 때는 상호협의 후 관련법의 허용범위 내에서 진행할 수 있다.

행적 조사계약서(B안) 예시

(주)○○○○대표 김성도(이하 "갑"이라 칭한다)와 조사의뢰자 ○○○(이하 "을"이라 칭한다)는 상호간에 다음과 같이 조사의뢰 계약을 체결한다.

제1조(행적 조사)

"갑"은 "을"로부터 다음 사항의 조사를 위임받으며 본 건의 조사 의뢰 범위 내에서 성실하게 업무처리를 한다.

조사 대상자:

제2조(자료제출)

"을"은 "갑"이 업무처리를 성공적으로 수행하도록 본건 관련 기초사실 자료를 가감없이 "갑"에게 제출하여야 하며 "갑"이 질문 사항에 대하여 정확한 자료의 제출 및 답변을 하여야 한다.

제3조(조사비용)

1. 본 건의 조사비용은 일금   원정(₩   )으로 한다.

2. 제1항의 단계에서 최종적으로 조사의뢰 건이 종료된 경우나 "을"의 조사의뢰 중도포기 등으로 최종 종료가 된 경우에도 조사비용은 환불할 수 없으며 "을"이 의뢰한 조사가 성공적으로 완료되었을 경우에는 별도 사례비조로 "갑"에게 일금 원정(₩   )을 지급한다.

제4조(조사의뢰비 지급절차)

1. 본 계약 체결 시 착수금으로 일금   원정(₩   )을 지급하여야 한다.

2. 조사의뢰 종료시 잔금으로 일금   원정(₩   )을 즉시 지급하기로 한다.

제5조(제반 경비)

1. 조사수행에 필요한 제반비용은 "갑"이 부담한다.

2. "갑"은 제1항을 포함한 조사의뢰건 수행 중 추가조사가 필요할 경우 "을"과 협의하여 조사 가능하나 경비는 입증 가능한 영수증 등이 제시되는 실비로써만 조사키로 하며 그 외의 입증이 불가한 비용에 대해서는 "을"이 지급을 거부하여도 "갑"은 일체의 이의를 제기할 수 없다.

제6조(성실답변)

1. "갑"은 "을"이 본 위임 조사 건과 관련된 질문 및 자료의 제출 요

청 시 즉시 관련 답변 및 자료를 원본으로 제출하여 주도록 한다.

2. "갑"은 "을"이 제1항의 문의사항이 없더라도 관련 조사건의 진행중 발생되는 변경사항 및 제반 진행절차에 대해 중간보고와 최종 종료시 자료 및 관련 사항을 필요시 서면보고 또는 구두보고 하도록 한다.

제7조(면책)

"갑"이 "을"이 제출한 자료를 기초로 하여 성실히 위임업무를 수행한 이상 조사사건의 결과에 대한 책임은 전적으로 "을"이 부담하며 "갑"은 결과에 대하여 책임을 지지 아니한다.

제8조(비밀준수)

"갑"은 본 위임 조사 건과 관련하여 일체의 조사 관련 정보를 외부에 유출하지 아니하며, 만일 "갑"이 본 위임 조사 건과 관련하여 조사 관련 정보를 외부에 유출하였을 경우 비밀준수 미이행으로 간주, 계약 위반 사항으로 "을"은 "갑"에게 손해 배상을 청구 할 수 있으며 손해배상액은 조사비용의 2배를 "을"에게 지불키로 한다.

제9조(해지)

1. "갑"의 업무수행이 불성실 하다고 판단될 경우 "을"은 해당 사유를 적시한 서면 및 구두 통지로서 성실한 업무수행을 최고하

고 이러한 최고의 통지가 2회 이상 발생할 경우 "을"은 계약을 해지한다.

2. 제1항의 해지 시에는 "을"은 기 지급한 계약금의 반환을 청구할 수 없는 것으로 하며 그밖에 상호간에 어떠한 별도의 손해배상 청구는 발생하지 않는 것으로 한다.

3. "을"이 허위자료를 제출하거나 성실한 자료제출의무를 이행하지 않거나 기타 본 계약상의 의무를 위반한 경우에도 제1항과 제2항을 준용한다.

제10조 (분쟁해결)

1. 본 계약과 관련하여 양 당사자간의 분쟁이 발생한 경우, 원칙적으로 "갑"과 "을" 상호간의 합의에 의해 해결한다.

2. 제1항에도 불구하고 분쟁이 해결되지 않을 경우 "을"의 주소지 관할 지방법원을 그 관할로 하여 재판함으로써 해결한다.

제11조 (특약사항)

상기 계약일반사항 이외에 "갑"과 "을"은 아래 내용을 특약사항으로 정하며, 특약사항이 본문과 상충되는 경우에는 특약사항이 우선하여 적용된다.

1.

2.

3.

위와 같이 본 계약이 유효하게 성립하였음을 각 당사자는 증명하면서 본 계약서 2통을 작성하여, 각각 서명(또는 기명)날인 후 "갑"과 "을"이 각각 1통씩을 보관한다.

년   월   일

- -

갑		을	
소 속:		소 속:	
주 소:		주 소:	
성 명:	(인)	성 명:	(인)

증거자료 편집은 이렇게 하자

■ 현장에서 채집한 증거의 동영상 편집 방법

사용 방법: http://tvpot.daum.net/encoder/EncoderGuideNewVer.htm

1. 영상작업은 파일 정리정돈이 잘되어야 한다.

2. 촬영된 영상파일은 SD카드나 USB에서 컴퓨터 하드디스크로 그날그날 바로 옮겨 놓아야 한다.

   • 영상파일이 크기 때문에 옮기는데 시간이 많이 소요되므로 그때그때 처리하는 것이 좋다.

3. 외장하드에 옮긴 파일을 편집하기 전, 파일의 촬영 날짜를 확인한다.

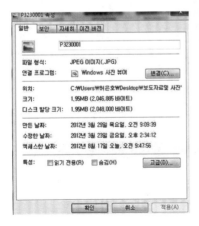

– 편집할 파일을 우클릭한 후 속성을 보면 만든 날짜를 확인할 수 있다.

4, 파일 정리가 다 되었다면 영상편집기를 실행한다.

- 영상편집에는 '프리미어'라는 영상편집 툴이 있는데 이 프로그램은 방송국이나 전문 편집기술자가 사용하는 프로그램으로 일반인이 사용하기에는 어렵다.
- 초보자나 아마추어들이 사용하는 프로그램으로는 윈도우무비, 다음팟, 바닥 등 네이버 검색으로 쉽게 다운받을 수 있다.
- 편집기능은 대부분 비슷하므로 다음팟인코더를 토대로 설명하겠다.
- 다음팟인코더 인터페이스는 인코딩 기능과 동영상 편집 두 가지로 구성되어 있다.

- 동영상 편집을 클릭한 후 화면에 편집할 파일을 불러온다.

– 플레이 영역으로 영상을 가져왔으면 시작과 끝 버튼으로 주요장면 영역을 설정한다.

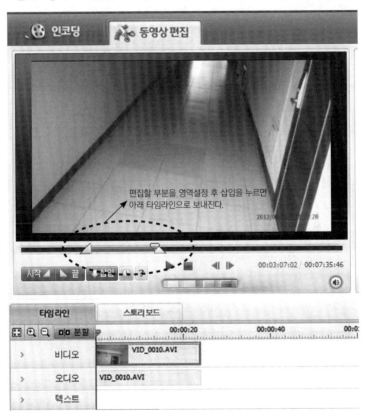

선택한 영역이 타임라인으로 옮겨졌으면 그 다음 영상을 불러와 위와 같은 방법으로
반복하여 연결하면 된다.

5. 영상편집이 완료 되면 텍스트 작업을 해보도록 하자.

- 텍스트 영역에 원하는 내용을 적고 글씨 크기는 12~14포인
  트가 적당하며 위치 설정은 화면 아래 가운데로 설정한다.
  설정이 완료되면 아래와 같이 타임라인으로 끌어오면 된다.

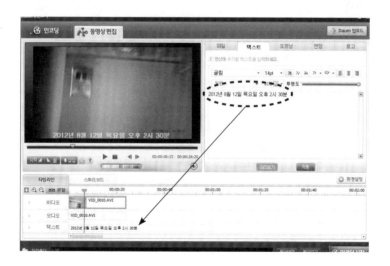

- 텍스트 작업까지 완료되었다면 마지막으로 인코딩 작업만 하면 끝이다.
- 인코딩은 버튼만 누르면 되지만 설정에 따라 영상 화질이나 용량에 차이가 난다. 아래와 같이 설정하고 출력하기 전에 꼭 확인한 후 인코딩 버튼을 눌러야 한다.

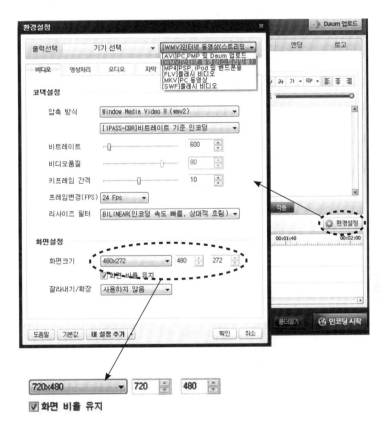

09

미행·잠복 방법 및 도청 의심 리스트

미행 잠복

미행, 잠복은 탐정의 중요한 기본기이다.

여기에서 표시된 방법은 현장의 상황을 가정하여 기술한 이상적인 방법이지만 실제 행동은 현장에 적합한 상태로 각자가 창의적으로 추출해내야 할 필요가 있다.

1. 주택가 및 아파트에서 행동조사를 개시할 경우 잠복 방법

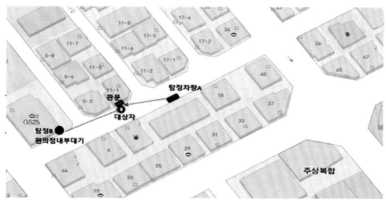

그림1(주택가)

자택에서 관문을 기점으로 하여 탐정 차량A 위치와 탐정B(편의점 내부)에서 대상자가 자택에서 나올 때(미행개시)까지의 상황도임.

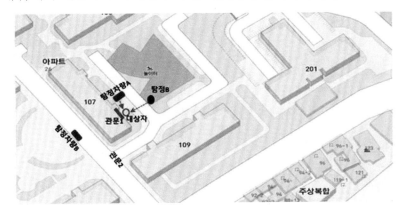

그림2(아파트)

자택이 아파트인 경우 107동의 관문1이 주 출입문일 경우 관문1을 기준으로 현장상황에 따라 좌측(탐정 차량A 위치) 또는 우측에서 대기하고 다른 한명은 놀이터의 탐정B 위치에서 잠복하고 중요한 사안일 경우에는 아파트 앞 도로에서(탐정 차량B 위치)에서 관문2를 주시하며 차량 미행을 개시할 경우에는 대상자가 관문2를 통과하여 꺾어질 때(대상자의 차량 내부 미러에서 보이지 않을 때) 미행에 나서야 한다.

2. 좁은교차로(6m 이내)에서의 미행 방법

도보 미행은 가급적 3인 1조로 운영해야 하며 좁은 교차로(6m) 이내에서는 위 그림과 같이 우회전한 대상자를 탐정은 A 위치에서 B 위치로 직진하면서 시선은 항상 대상자에 두고 A 위치에서 통과후 2m 이내에서 B 위치에서 즉시 유턴하여 대상자의 후방 10~15m 정도에서 미행하는 상황도임.

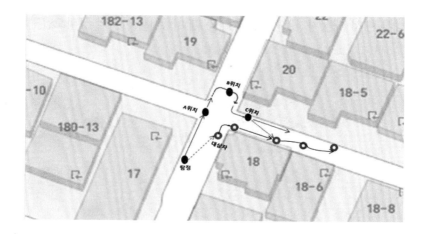

3. T자형 교차로에서의 미행 방법

　그림과 같이 T자 교차로를 좌회전한 대상자를 탐정은 오른쪽 모퉁이 지점에서 확인한 뒤 우회전 후 유턴하는 모양으로 대상자의 오른쪽 대각선 후방에서 미행을 하는 것이 이상적이다. 그러나 모든 것은 현장의 상황에 따라 유동적으로 대처해야 한다. (한 사람으로 미행하는 것은 절대 금물이며 가급적 남녀 한 쌍으로 미행조를 이루는 것이 대상자의 경계를 허무는 가장 이상적인 방법이다.)

4.교차로에서 도보시 미행 방법

대상자가 신호 대기 시에는 대상자의 등 뒤로 가지 않고 신호를 같이 건너는 듯한 태도(탐정A)를 취하고 그림과 같이 떨어진 위치 (탐정B)에서 대기 후 신호가 바뀌면 자연스럽게 미행을 개시하며 길을 건넌 후에는 탐정B 와 탐정A는 위치를 바꾼다.

남녀 한 쌍의 탐정은 대상자의 경계가 느슨해지기 때문에 대상자의 진로를 따라 자연스럽게 뒤처진 상태에서 미행을 계속한다. 위의 그림에서 탐정A(2인)는 남녀 한 쌍으로 구성하고 탐정B는 1인으로 한다.

5. 상점가에서의 미행 방법

대상자가 우측을 걷고 있는 경우 기본적으로 탐정은 왼쪽 대각선 후방(탐정A, B)을 보행하며 그림에서 화살표 방향으로 이동하고 반대편의 탐정C는 반대편의 대각선 방향으로 교차 이동하며 대상자의 동선을 따르며 대상자의 움직임에 주의한다.

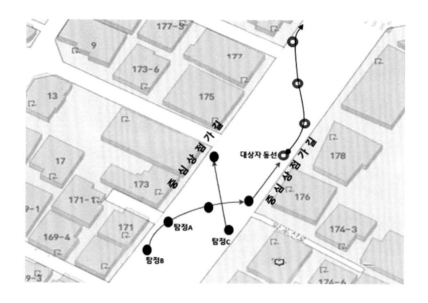

6. 버스정류장에서의 미행 방법

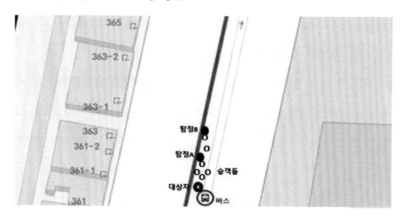

　버스정류장에서는 위 그림과 같이 대상자가 다른 승객보다 전방
에 포지션을 잡은 경우 탐정A와 탐정B는 다른 승객을 벽으로 이용
하는 형태로 오른쪽 후방으로 포지션을 잡고 항상 다른 승객을 벽
으로 일정한 간격을 유지해야 한다.

그리고 차량 내부에 탑승했을 때는 항상 대상자의 뒤쪽 또는 하차 문 부근에 자리 잡고 대상자의 움직임에 주시하고 하차 시에는 대상자의 시야에 들지 않도록 일정한 간격을 유지하며 탐정도 하차 한다.

7. 전철(지하철)및 기차역의 개찰구에서 미행 방법

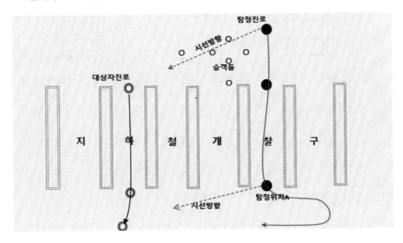

그림과 같이 개찰구 부근에서는 대상자가 개찰구를 통과하는 모습을 다른 사람들을 장벽으로 이용하여 그 빈틈으로 확인하고 대상자가 개찰구를 통과하면 탐정도 옆쪽의 개찰구을 통과하는 형태를 취해야 한다.

8. 역 플랫폼에서의 미행 방법

탐정은 플랫폼에서 대상자의 후방 또는 대각선 후방에 위치를 잡고 다른 승객들을 벽으로 삼고 관찰하며 전철 및 지하철이 플랫폼으로 진입시 탐정은 대상자보다 먼저 전철(지하철)에 탑승하는 일은

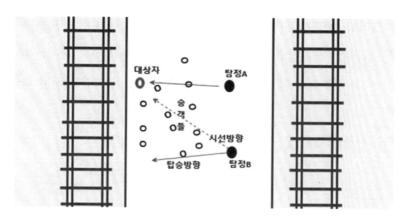

없어야 한다. 탑승 후, 출퇴근 등의 복잡한 시간에는 근접하여 미행해도 무방하나 한가한 차량 내부에서는 가급적 대상자의 눈에 들지 않는 출입문 가까운 위치에서 자리를 잡고 즉시 대응 가능할 수 있도록 준비되어 있어야 하며 탐정의 시선은 항상 대상자를 시야에 담고 있어야 한다.

9. 전철(지하철)등에서 하차시 미행 방법

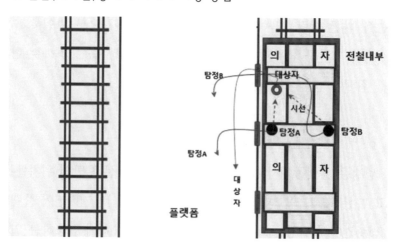

대상자의 하차를 확인하고 탐정(A)이 있는 차량 문 앞을 통과하는 시점이 이상적이나 현장의 여건으로는 어렵기 때문에 현장상황에 맞추어 가급적 문이 닫히기 직전에 하차하여 일정한 간격을 유지하면서 미행을 한다. 이때 탐정(B)는 대상자와 시차를 두고 하차하여 사람이 많은 복잡한 상황에서는 근접하여 미행해야 한다.

지하철의 경우 차내의 혼잡 정도에 따라 차이가 있지만 주로 대상자가 위치한 곳의 반대편 차창을 통해 관찰하는 것이 좋다.

10. 택시 승차장에서의 미행 방법

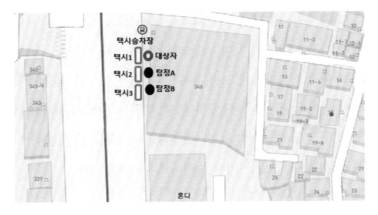

다른 승객이 줄을 서서 기다리고 있는 경우 탐정은 대기상황을 염두에 두고 충분히 고려한 다음, 반드시 대상자가 승차한 택시의 바로 다음 택시를 확보하여야 한다.

그러나 대체적으로 현장에서는 즉시 지원 가능한 조사팀 차량이 항상 주변에 대기하고 있기 때문에 긴밀하게 연락을 취하면서 돌발상황에 당황하지 않고 대처할 수 있도록 해야한다.

11. 대상자가 도로에서 택시를 타는 경우

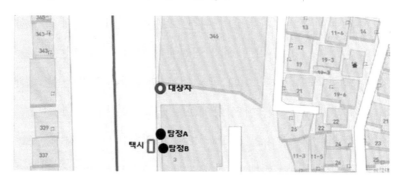

현장의 도로 상황에서 판단하여 택시가 자주 오지 않을 경우에
는 탐정A가 대상자에 앞서 첫 번째 택시를 탑승하여 택시기사에게
사전 양해를 구한 후 대상자를 지나쳐 30m 정도 진행 후 정차하여
대상자가 다른 택시를 승차할 때를 기다린다. 이때 탐정B는 두 번째
오는 택시를 대상자에게 양보하고 세 번째 오는 택시를 탑승한다.

택시가 연이어 올 경우에는 첫 번째 택시는 반드시 대상자에게
먼저 양보하고 두 번째(탐정A)와 세 번째 택시(탐정B)를 탑승하며 하
차 시를 대비하여 현금을 미리 준비하여 대비해야 한다.

12. 차량으로 미행 방법

추적하는 탐정 차량(A, B)은 위의 그림에서와 같이 대상자 차량
좌, 우측 또는 후방에 위치하고 중간에는 반드시 다른 차량을 두어
야 하며 도심에서는 교차로 또는 횡단보도 신호등으로 인하여 놓치
는 경우가 많으니 거리를 두고, 미행 시에는 전방의 신호등의 신호
체계 상황을 면밀히 살펴 교차로 통과 시에는 대상자 차량과 함께

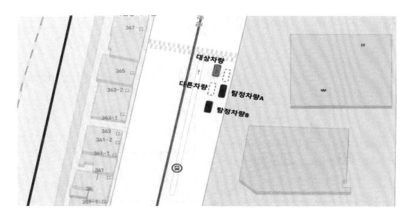

동시에 통과하여 속도를 줄여 간격을 유지한다.

대상차량이 자동차전용도로나 고속도로등으로 진입하여 차량 미행이 계속될 경우에는 상당한 거리를 두고 미행해야 하며 탐정 차량 내 조수석 탑승자는 망원경 등으로 전방 차량을 멀리 주시하면서 미행해야 진출로에서 발생할 수 있는 여러 돌발 상황에 대처 가능하다.

13. 대상자가 E/V를 타는 경우의 미행 방법

대상자가 엘리베이터를 타는 경우에는 저층(6층 이내 건물)일 경우 비상계단을 이용해 올라가며 멈추는 층수마다 대상자의 행방을 확인하고, 고층의 경우에는 동반 탑승하며 대상자의 누르는 행선지 층수보다 1개 층 위를 선택한다.

그러나 현장에서는 고층아파트 중 계단식일 경우, 대상자 홀로 탑승한 경우에는 관문의 위치에서 대상자가 타고 있는 엘리베이터가 멈추는 층수만 파악하고 나머지 소재 파악은 등기부등본이나 우편물로 확인을 하는 것이 이상적이다.

14. 교차로에서 좌회전후 차량이 우측인도 옆에 정차할 경우 미행 방법

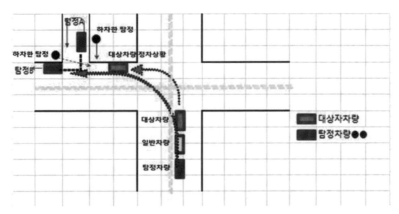

대상자가 신호대기에서 좌회전 신호가 들어와 움직이며 그림과 같이 우측인도 옆에 차량을 세우고 미행 차량을 확인할 경우, 골목 길의 도로가 있을 때는 탐정 A 방향으로 진입하여 우측에 탐정을 내려 감시하게 하고 차량은 즉시 안쪽에서 돌려서 대기해야 한다. 그리고 골목길에 도로가 없을 경우는 탐정 B의 위치로 진입하면서 우측에 탐정을 대기해 감시케 하며 진행한다.

이때 탐정 A 위치에서 하차한 탐정은 대상 차량이 있는 대로변으로 나와서 관찰하고, 탐정 B 위치에서 하차한 탐정은 주변의 현장 상황을 감안해 편의점 등의 내부에서 관찰해야지 대상 차량 위치로 이동해서는 안 된다.

15. 교차로에서 좌회전해야 하는 차량이 직진하며 불법 유턴하여 가
는 경우 미행 방법

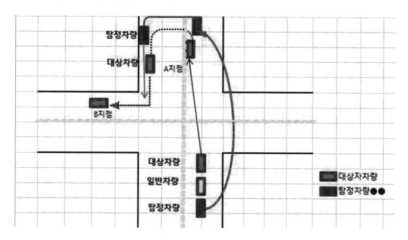

대상 차량이 불법 유턴하여 우회전하는 경우에는 대상 차량이 A
지점을 거쳐 B 지점으로 꺾어서 간 후에(시야에서 사라진 다음) 탐정
차량은 유턴하여 추적해야 한다.

위 그림은 현장에서는 자주 발생하는 상황이니 당황하지 말자.
유연하게 대처하면 대상 차량은 미행 차량을 따돌렸다고 생각하고
이후 경계가 다소 소홀해진다.

16. 대상 차량이 진행방향에서 지하차도 옆길로 빠져 유턴하여 우측
에 정차하는 경우

대상자 차량이 지하차도 우측으로 진입하여 유턴하여 그림처럼
인도 변에 세우고 미행 차량을 확인하는 경우에는 현장상황에 따
라 두 가지 유형을 생각해 볼 수 있다.

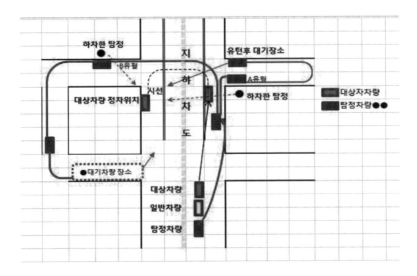

A 유형 시, 탐정 차량이 우회전한 후에 인도 변에 차량을 세우고 탐정을 내려서 감시케 하고 차량은 유턴하여 대기 장소에 머무르면서 다음 상황에 대응할 수 있도록 준비해야 한다.

B 유형 시 좌회전하여 우측 인도 변에 탐정을 내리게 하여 감시케 하고 좁은 이면도로를 따라 내려와 탐정 차량은 대기 차량 위치에서 다음 상황에 대응할 수 있도록 준비해야 한다.

탐정은 대상자에 비해 주변 지리에 빈약한 단점이 있어 돌발상황에 대응하기 위해서는 교차로 신호 대기 시에는 반드시 내비게이션이나 태블릿, 노트북 등으로 주변 이면도로 상황을 살펴봐야 돌발상황에 대응할 수 있다.

※ 자료 중 일부는 1985년 일본에서 출간된 재단법인 공안문화협회의 『산업스파이』에 기술된 내용을 참고하였습니다.

집안이나 사무실 등에서 도청이 의심될 경우

☑ CHECK LIST

1) 두꺼비집(휴즈 박스)

2) 전화기

3) 에어컨 주변

4) 스탠드 등 박스

5) 액자

6) 스위치 또는 콘센트나 소켓형 위장품

7) 디지털 시계

8) 화분

9) 테이블 밑면

10) 침대 밑, 매트리스 아래

11) 이전에 없었던 소품이 새로 있을 경우

12) 컴퓨터 모니터에 장착된 카메라

13) 천정에 부착된 화재감지기

14) 손목시계나 안경 등이 출입문 또는 침대를 향하게
되어 있는 위치에 있을 때

15) 미용 티슈 박스

16) 스텐인리스 컵

민간조사업 창업관련내역

사업목적 및 조사 중점

■ 조사항목

• 기업 조사

기업이 처한 산업 환경 및 재무·인재·자산 등을 종합 분석하여 신속한 정보를 제공.

• 신규채용 조사

기업의 인재 채용과 관련하여 채용될 직원의 자질 등 기타 위험요인을 사전에 조사하여 제공.

• 시장 관련 조사

기업을 둘러싼 마케팅 환경의 조사·분석 및 컨설팅 용역 수행.

• 부동산 관련 조사

부동산 소유 실태 및 담보 여력 등에 관한 정보제공.

• 기타 조사

상기에 해당하지 않는 사건에 관한 조사.

■ 기업의 조사 용역 관련

- 직업 적성 조사

① 인물의 객관적인 재평가를 통해 '인재'를 파악하고 적재적소에 배치하여 기업 이익을 추구.

② 소위 '산업 스파이' 침입 방지.

③ 횡령 등의 비행 경력을 사전에 파악하여 위험요소를 감안한 부서배치로 향후 발생할 수 있는 피해를 사전예방.

- 소행 확인 및 행적 조사

① 외근직 영업 사원을 추적하여 회사의 관점에서 근무평가.

② 금전을 취급하는 사원의 절도나 횡령 행위를 조기에 발견하여 피해발생 원천차단.

③ 회사의 기밀을 경쟁사에 누설하는 행위를 조기에 발견하여 피해발생 원천차단.

④ 근무 시간 외의 타 회사의 취업 유무나 기업에게 불이익을 주거나 유해한 행위 여부를 파악.

- 거래처 신용 조사

① 판매처에 이상이 없는지 정기적으로 확인하여 경영진의 심리적 스트레스 감소.

② 파산에 의한 외상 매출 채권 회수 불능 위험을 사전 감지.

③ 도산한 경우에는, 채권 보전·회수 목적의 다양한 현장 정보 수집.

- 직원 신용 조사

  ① 사원의 개인채무를 조사하여 기업내의 잠재적 금전사고 사전예방.

  ② 금융권 등의 채무관계를 조사하여 적정한 부서배치.

  ③ 신원 보증인의 금전적 상환 능력을 조사하여 미래에 발생할 수 있는 사고를 사전 대처.

- 인터뷰 대행(면담·전화)

  ① 수상한 사람(반사회적 세력, 총회진행을 방해하는 세력, 스토커 등)에 직접 면담하고 진의 파악.

  ② 고객과 면담을 통해 습득한 자료를 제공하여 내부평가를 거친 후 사업 활동에 반영.

  ③ 직원들의 회사에 대한 불만을 듣고 취업 환경과 처우 개선을 도모함으로써 동기 부여 및 근무 의욕을 향상시켜 매출 증대.

  ④ 경쟁사 우수 판매사원 '헤드헌팅'.

  ⑤ 신규 사업 진출의 타당성검토와 기존 사업 확대 시 전문가 의견 취합 보고.

용역비 산출 내역(예시)

■ 기업용

고용 조사	이력서 기재 사항의 진위 및 확인 풍문	₩ 1,200,000- (세금 포함)
소행 조사	직원의 업무 중 외부 활동사항과 개인 소행	상담협의
기업신용정보조사	거래처 현황 파악	₩ 1,000,000- (세금 포함)
직원실태조사	직원의 금전 차입 및 자산 현황	₩ 1,000,000- (세금 포함)
대상자 인터뷰	특정 인물과 면담에 의한 주문사항청취	₩300,000- (세금 포함)
기타	상기 이외의 조사	상담협의

■ 변호사 및 법무사의 조사 용역

채무자의 집 방문 조사	공시 송달 신청용 「조사보고서」 작성	₩ 500,000- (세금 포함)
증거 수집조사	변호사 지시에 근거하여 증거 수집	상담협의

■ 개인

행적 조사	특정 인물 등의 행적 기록	₩ 300,000- (세금 포함)(1시간)
이성 관계 조사 (외도)	부부, 연인 등 이성 관계의 문제 해결	₩ 4,800,000- (세금 포함)(1주)

소재 조사	가출인, 실종자, 만나고 싶은 사람 찾기	₩ 5,000,000- (세금 포함)
직장 내 성희롱 조사	괴롭힘의 대상인물 파악과 경찰 당국에 통보	₩ 5,000,000- (세금 포함)
예비배우자조사	약혼자와 교제 상대(미래의 파트너 등)의 서류에 있어서 신용 조사(주로 평판 등)	₩ 1,500,000- (세금 포함)

※ 비고

조사 표준 요금은 조사의 난이도 및 요청 날짜에 따라 변동될 수 있습니다.

■ 조사항목

행적 조사	가출자나 치매 등의 실종자를 찾는 조사 ※성공보수 별도
행동 조사	부정 의심, 부도덕한 행위와 이성 관계 등의 특정 인물의 행적 기록
신용 정보 조사	설립 연도, 자본금 창업연월일, 종업원 수, 거래 은행, 임원 이름, 회사 연혁, 주요 공급 업체, 판매 업체, 계열사 관계 등 ※ 그 외 부동산 등의 자산 조사
도청기 발견 조사	건물 내 사무실, 회의실, 응접실 등의 정보 유출 방지
고용 조사	전직에서의 근무 상태, 은퇴 이유, 성격, 소행, 건강 상태, 취미, 기호, 인근 풍문 등 정보 수집
필적 감정 조사	증거 자료의 감정
예비배우자조사	경력, 성격, 소행, 건강, 근무 상태, 소득, 취미, 교제, 기호, 부모, 자산, 친족 관계 ※ 서류를 바탕으로 간이적인 측면 탐문 등의 조사 ※ 성공보수 별도

재판상 증거 조사	대인 대물 관계 등의 권리 보전, 기타 민사 및 형사 재판에서 증거 자료를 수집
이성 관계 조사	소행, 성격, 교우관계, 신변 조사, 이성 관계 등의 특정 인물 목록 외도 현장 증거사진 ※ 성공보수 별도
취재 조사	사건 등 언론 관련 정보 등의 조사
왕따 실태 조사	괴롭힘을 당하는 쪽의 원인, 위협 측면의 특정 인물 산출, 진실의 실태 및 왕따에 관한 증거
스토커·성희롱 조사	스토커, 성희롱 등의 행위를 확인하여 대상자에 대한 증거 조사 ※ 성공보수 별도
소재 조사	지명수배자, 기소 중지자, 채무자 소재 조사 ※ 성공보수 별도
특수 조사	미행 잠복 등에 의한 비밀 사항 추적, 인사, 사업 문제, 특허 상표 위반 은닉재산 조사, 기타 비밀을 요하는 사항
사실 조사	경력, 성격, 사상, 성격, 교우 관계, 탐문에 의해 판명 ※ 미행 잠복을 하는 경우도 있음.
DNA(유전자) 조사	친자 관계 등에 이용하기 위한 감정과 과학적 근거를 바탕으로 확인하고 발견하는 조사
잠입 조사	스파이 행위 등의 정보 유출 방지
지문 탐지 조사	인물의 특정을 위해 컴퓨터에 의해 정렬하고 법원 등의 증거가 되는 조사
인영, 필적 감정 조사	국과수 출신에 의한 보증 문서의 전문 분석 및 가짜 도장 등의 조합 감정 ※ 재판 증거 자료
해외 조사	외국 주요 조사 회사와의 제휴 ※ 성공보수 별도

■ 조사기본요금

고용 조사	₩ 1,200,000− (세금 포함)	전 직장에서의 근무 상태, 퇴직 사유, 성격, 건강 상태, 취미, 기호, 풍문 등 정보 수집
신용 정보 조사/ 기업	₩ 1,000,000− (세금 포함)	기업 데이터 수집
신용 정보 조사/ 개인	₩ 1,200,000− (세금 포함)	개인 데이터 수집
재산 조사	₩ 1,000,000− (세금 포함)	기업과 개인의 부동산 등의 재산
예비배우자 확인 조사	₩ 1,500,000− (세금 포함)~ (1 건 1 명/기본 요금)	교제 상대, 미래의 파트너 등 서류에 의한 신용 조사 ※ 주의: 어디까지나 측면 취재 등에 있어서 간이적인 풍문이 주가 된다.
행적 및 소재 조사	₩ 5,000,000− (세금 포함)~ (1 개월 이내) ※ 성공 보수 청구	가출인, 실종자, 치매 불명자, 만나고 싶은 사람 등의 사람 찾기
이성 관계 조사	₩ 4,800,000− (세금 포함) ~ (6 회/ 1회 8시간 / 차량 1대 포함) 특수 장비/ 3명 체제	부부, 연인(약혼 및 결혼 전제들) 이성 관계 (부정행위) 확인 및 증거 수집 • 배우자의 모습이나 행동에 불신감이 있 어 진실을 알고 싶은 분 • 배우자의 외도(부정행위) 등, 증거를 원 하는 분 • 배우자의 외도(부정행위) 등, 증거를 갖고 재판 및 조정을 유리하게 할 수 있는 확실 한 증거를 확보하고 싶은 분
행동 조사		
기본 요금	₩ 1,000,000− (세금 포함) (8시간 이내, 조사원3명)	부정, 부도덕 행위를 한 특정 인물 또한 이 성 관계 등의 행동 기록
연장 요금	₩ 200,000− (세금 포함)(시간당)	

차량·장비 사용 요금(사안에 따라 발생할 수 있음)		
자동차	₩ 150,000- (세금 포함)	1 일 1 대(영업용 택시 대여 요금 실비)
오토바이	₩ 100,000- (세금 포함)	1 일 1 대(대여 요금 실비)
자전거	₩ 30,000- (세금 포함)	1 일 1 대(대여 요금 실비)
비디오	₩ 40,000- (세금 포함)	1 일 1 식
카메라	₩ 30,000- (세금 포함)	1 일 1 식 ※ 특수 장비(몰래카메라 등) ₩ 200,000(세금 포함)
녹음 기재	₩ 10,000- (세금 포함)	1 일 1 식
기타 조사		
필적 인영 문서 지문 감정 거짓말탐지기 등	협의상담	필적과 인영, 지문 대조, 확인, 증명. 국과수 감식과 출신에 의한 감정. (감정의 난이도에 따라 추가 요금이 발생할 수 있습니다.)
DNA(유전자) 조사	협의상담	특정 인물의 유전자 정보 확인(공적 기관을 통해) 증명
스토커·성희롱	₩ 5,000,000- (세금 포함)~ (기본으로 5회 / 1 회 8시간 이내) ※ 성공 보수 별도	성희롱 행위 확인 대상자를 파악하고, 그에 따른 대책 및 사후 처리
왕따	₩ 4,500,000- (세금 포함) (4회 이내 / 1회 8시간 이내)	왕따 실태 조사, 그 배경과 원인 파악

특수 조사		
특수 조사	₩ 10,000,000~ (세금 포함)~ ※ 성공 보수 별도	잠입, 공작에 의한 필요사항 조사
해외 조사	₩ 10,000,000~ (세금 포함)~ ※ 성공 보수 별도	외국 조사 회사와의 제휴에 의한 조사

■ 조사 위임 계약내용 설명

① 상기 표준 요금에는 조사 활동에서 실비가 추가됩니다.

※ 실비부분: 교통비 (연료비, 유료 도로 요금, 주차비, 전철·버스·택시 요금), 숙박비, 현장 상황에 따른 대처입니다.

② 기본적으로 조사요금 지불은 조사 위임 계약 성립 후, 1일 이내에 착수금 60% 선불 지급.

※ 원칙적으로 수임자의 지정 은행 송금 또는 현금으로 일시불 지급.

③ 불법 행위, 개인 정보 등에 관한 조사는 접수하지 않습니다.

• 상담 및 견적은 무료입니다.

※ 위 자료는 일본의 도쿄도 조사업 협회의 회원사 자료를 참고로 하여 작성되었으며, 조사는 변호사의 지휘 아래 관련법이 허용하는 범위 내에서 활동해야 합니다.

창업준비과정

1. 개인사업자와 법인사업자를 사전 결정
2. 홈페이지 및 블로그 개설(필수)
   - 필요 시 일본어 및 영문 사이트 구축
   - 도메인 등록 후 콘셉트 잡고, 내용물 구축
3. 사무실 확보
4. 어떤 분야에 집중할 것인가?
5. 영업 대책은?
6. 인원 구성(전문 인력 구축)
7. 제반 소요경비 및 임금문제

■ 사업의 종류

업태	종목
서비스	탐정 및 민간조사서비스 (세무코드번호 930916)
부동산업	부동산컨설팅
서비스	인력공급업

휴대전화 구번호에서
변경되는 예상번호 조합

이 동 통 신 사	기존사용국번대	010변경국번	비 고
SKT	011-200~499	010-5200~5499	
	011-500~899	010-3500~3899	
	011-9000~9499	010-9000~9499	
	011-950~9999	010-8500~8999	
	011-1700~1799	010-7100~7199	
	017-200~499	010-6200~6499	
	017-500~899	010-4500~4899	
	016-200~499	010-3200~3499	
	016-500~899	010-2500~2899	
KTF	016-9000~9499	010-7000~7499	010-7000~7199제외
	016-9500~9999	010-9500~9999	
	018-200~499	010-4200~4499	
	018-500~899	010-6500~6899	
	019-200~499	010-2200~2499	
LGT	019-500~899	010-5500~5899	
	019-9000~9499	010-8000~8499	
	019-9500~9000	010-7500~7999	

참고문헌 및 자료

- 우간린 저, 임대근 역, 『어떻게 원하는 삶을 살 것인가』, 위즈덤 하우스, 2014.
- 우에노 요시에 저, 오세웅 역, 『정보조사의 기술』, 멘토르, 2010.
- 이근후, 『나는 죽을 때까지 재미있게 살고싶다』, 갤리온, 2013.
- 이민규, 『끌리는 사람은 1%가 다르다』, 더난출판사, 2014.
- H 키스멜튼, 크렉필리젼 저, 임경아 역, 『스파이 가이드』, 루비박스, 2004.
- 柳生直行 譯, 『希望と信賴に生きる, ウイリアム·バークレーの一日一章』(日本語 版), 1974.
- 『産業スパイ』, 財團法人 公安文化協會, 1985.

- 東京都調査業協會 各會員社 홈페이지 자료.
- 日本調査業協會 資料.

++탐정

한국에서 탐정으로 살아가기

제 1 화

영화 「써니」를 보며
추억을 현실로 만들다

제1편

기억의 저편에서…

　장맛비가 추적추적 연일 퍼부어 대는 날. 나는 직원들과 학습을 겸한 과거의 사례를 들려줄 겸 단골 빈대떡 집에서 막걸리나 한잔 하자며 유혹하자 모두들 눈이 휘둥그레지며 가라앉은 분위기가 갑자기 살아나기 시작했다.

　잠시 각자의 업무정리를 대충 마치고 우린 주막으로 향했다.

　주인아주머니는 우릴 보자 버선발로 나와 반기며 말했다.

　"오빠~! 이른 시간에 워쩐 일이당가…?"

　주막의 주인장과 나는 갑장이었으나, 내가 생년월일이 두 달 정도 빠르고 이 동네에 입성했던 시기도 앞섰기에 이곳에서는 항상 오라버니 대접을 받고 있는 사이였다.

　나는 "오늘 점심이 시원찮아 일찌감치 출출함이나 장맛비에 달래볼까 하며 나왔다."라고 말했다.

막걸리 한 주전자가 테이블에 오르자 주인장은 안주 주문을 재촉하기 시작했다.

나는 직원들이 평소 즐겨 찾던 코다리찜과 모둠전을 주문했다.

시간은 벌써 오후 다섯 시를 지나서고 있었지만, 대폿집에서 많은 사람들의 애환이 서린 찌그러진 막걸릿잔을 마주 보며 모두가 잔을 맞대기에는 다소 이른 시간인 것만은 틀림이 없어 보였다.

연거푸 뿜어대는 담배 연기에 주막 안의 공기는 다소 탁해보였다.

찌그러진 막걸릿잔이 연거푸 돌아가고 첫 번째 주전자가 비워질 무렵, 담배 연기 속에서 나는 과거의 기억 저편에 있는 저장고를 열어젖혔고 테이블에 마주앉은 우리는 모두 그 시절로 타임머신을 탄 듯이 빨려 들어가고 있었다.

　　......

시간이 멈춘 것은 영화 「써니」에서 고교동창생을 찾아 나서는 장면이었다.

이제 시작하는 이야기는 35년 전에 마지막으로 소주잔을 기울인 후로 소식이 끊긴 친구를 찾는, 칠순을 앞둔 노회한 회장님의 집념에 얽힌 비하인드 스토리다.

박 회장님과의 인연은 그렇게 시작되었다.

그해 여름도 여느 때와 다름없이 무더위로 신음하고 있을 때였다.

사무실 내 전화벨이 울려서 받았더니, 이윽고 육십 대 중후반으로 추정되는 목소리가 수화기를 통해 들려왔다. 그분은 간략하게 지인의 소개를 받고 전화했다고 하면서 한번 만나기를 간청해왔다.

나는 평상시와 다름없이 또 누군가가 쓸데없는 얘기를 했구나 하며 스케줄을 확인하고 다음날 오전 11시에 뵙자고 흔쾌히 약속 시간을 정했다.

무더운 여름 날씨 탓에 의뢰인인 박 회장님은 음료수를 한 박스 안고 들어서며 연신 땀을 훔쳐내며 가파른 호흡을 가다듬고 있었다.

"반갑습니다."

지긋한 나이의 박 회장님은 깎듯이 예를 갖추었다.

"더위에 고생하시는 것 같아 시원하게 드시라고 음료수 좀 챙겨왔습니다."

내게 내미는 명함에 그는 ○○출판사의 대표이사 회장으로 되어 있었다.

"무슨 일로 절 찾아오셨는지요?"

박 회장님은 여느 때와는 달리 기사를 대동하지 않고 손수 운전대를 잡았더니, 사무실을 찾는 데 일방통행 길도 있어 다소 시간이 걸렸다고 하면서 묻지도 않는 나에게 시간이 지체되었던 이유를 친절하게 설명해주었다.

영문을 잘 모르는 나는 멀리서 여기까지 찾아오기가 쉽지 않았을 것으로 짐작은 했었지만, 평소와 다름없이 무표정하게 상담 테이블에 나섰다. 박 회장님은 이내 어릴 적에 뛰어놀던 동네의 절친을 찾아 달라며 단도직입적으로 서두를 꺼냈다.

그러면서 흘러간 그간의 이야기를 보따리 풀듯 내려놓았다.

이야기의 핵심을 살펴서 대충 정리해보자면,

어린 시절의 친구를 찾기 위해 박 회장님과 친구분들은 의기투합하여 모 심부름센터에 의뢰하였으나 비용만 계속 요구할 뿐 한 달이 지나도록 결과가 시원치 않자 포기했다고 한다. 그렇게 다른 곳을 수소문하다 지인의 소개로 여기까지 오게 되었다는 내용이었다.

나는 박 회장님이 알고 있는 정보를 물으면서 빠르게 수첩에 메모하기 시작했다.

이름은 이정수, 나이는 1943~1945년생 추정, 학교 서울 소재 ○○중학교 10~12회 졸업생 추정, 그리고 마지막으로 만났던 때가 32세쯤 되던 해로 암사동 주공아파트에 거주할 때 그 동네에서 소주 한잔 기울였던 게 기억의 마지막 언저리라고 했다.

메모하며 핵심을 정리하던 나는 즉시 자신이 없노라고 말했다.

불확실한 정보로는 아무리 유능한 탐정이라도 절대 사람을 찾을 수가 없다는 게 이유였다.

이 나라에는 같은 이름을 쓰는 사람이 적게는 몇백에서 많게는 일이천도 되기 때문에 나이도 확실치 않은 사람을 찾기란 결코 쉬운 일이 아니라고 하면서 한사코 수임을 거절했다.

그러자 노회한 박 회장님은 나의 수임 거부 의견과는 상관없이 계속 말을 이어나갔다.

그 당시 국민학교는 같이 다녔지만, 중학교부터는 서로 다른 길을 걷기 시작해서 만남이 뜸했고 대학 다닐 때쯤에 그 친구는 가정 형편상 대학에 진학하지 못하고 대신 금융권에서 일하며 박 회장님과 그 친구분들에게 많은 도움을 주었다고 회상했다.

"아무튼, 반드시 꼭 찾아야 한다."라며 막무가내였다.

계속 수임을 거절하는 나를 보면서 자리에서 일어나며 양복 안주머니에서 봉투를 하나 꺼내 테이블에 내려놓으면서,

"부담 갖지 말고 그냥 자네 시간 날 때마다 한 번씩만 살펴봐 주게." 하며 서둘러 사무실 문을 닫고 나갔다. 졸지에 나는 어르신들의 기대에 휩쓸려가기 시작했다.

제2편

세상의 빛과 소금으로…

너희는 세상의 소금이니

소금이 만일 그 맛을 잃으면 무엇으로 다시 짜게 할 수 있겠느냐?

아무런 쓸모가 없으니 밖에 버려져 저 사람들에게 짓밟힐 따름이다.

너희는 세상의 빛이다.

산 위에 자리 잡은 고을은 감추어질 수 없다.

등불은 켜서 함지 속이 아니라 등경 위에 놓는다.

그렇게 하여 집 안에 있는 모든 사람을 비춘다.

— 마태 5장 13∼16

어디서부터 어떻게 풀어나가야 할지 감을 잡을 수가 없었다.

확실한 것은 ○○중학교 출신이란 것뿐이었다.

당시에는 지금의 강력한 개인정보보호법이 시행되기 전이라 노력만 하면 졸업 여부 정도는 쉽게 확인이 가능할 것으로 생각했다.

그러나 졸업확인 여부만으로 친구분을 찾아내기에는 역부족일 것으로 추정했다.

한국전쟁으로 인해 당시 나이에 오류가 있을 수도 있어 자칫 수렁에 빠질 것 같았다.

주사위는 이미 던져진 것이나 다름없었다.

하는 수 없이 받아둔 봉투값은 해야 하기에 이름 석 자로 전국 전화번호부를 검색하여 227명의 동명인 '이정수'로 등재된 이름을 찾아내어 매일 틈만 나면 전화번호 확인 작업에 나섰다.

의뢰인인 박 회장님은 매주 한 번씩 거르지 않고 "지나다 들렸네"라면서 사무실로 음료수를 한 박스씩 사다 나르며 압박의 수위 조절까지 절묘하게 리드해나갔다.

그러던 중 박 회장님은 별다른 진전이 없음을 간파하고 이런 얘기를 툭 던져주었다. "아마도…."

"지금쯤 살아있다면 서울이나 서울 인근 지역에 살 것이네."라며 언질을 주었다.

"참말로 이상하다."

나는 박 회장님이 꼭 뭔가 알고 있는 듯한 분위기여서, 내가 난관에 봉착하는 기미를 보이면 미끼를 하나씩 던져 주는 게 아닌가 싶었다.

227명의 '이정수' 대조작업은 특기할 만한 성과가 없었다.

나는 즉시 ○○중학교 행정실을 방문했다.

돌아가신 아버님을 팔았다.

아버님께서 지금 투병 중이신데 어릴 적 친구분을 죽기 전에 꼬옥 한번 만나보고 싶다고 하신다며 간곡하게, 그리고 정중히 부탁했다.

처음에는 거절당했지만 계속되는 방문과 상황 설명에 감동하였는지 몇 회 졸업생인가와 정확한 나이를 알아내는 데 성공했다.

찾을 확률은 이제 50%를 넘어서고 있었다.

"모든 것은 가능하다. 하려고 하는 의지만 있다면…"

'이정수' 찾기에 다소 활기를 띠고 촉각을 곤두세우고 있을 무렵에 의뢰인인 박 회장님이 사무실에 들러 느닷없는 돌직구를 날려왔다.

예전에 '이정수'를 찾으려고 의뢰했던 심부름센터에서 친구분인 이정수를 찾았다고 하며 돈을 요구했다는 말을 했다.

심부름센터 사장은 박 회장님의 회사까지 찾아와 아주 살벌한 분위기를 연출하며 인적사항을 알려주었으나, 이미 신뢰를 상실한 터라 대금지급을 거절했더니 사무실에서 행패를 부려 결국은 요구한 금액의 절반만 주고 끝냈다고 하면서 당시 조사된 친구분의 인적사항을 알려주며 참고하라고 했다.

1943년 2월생의 이정수는 6명이었고 2월 23일생의 같은 이름의 주인공은 3명으로 확인되었다며 인적사항을 박 회장님으로부터 건네받았다.

메모지에는 3명의 이정수가 적혀 있었고 각기 다른 주소로 지도에서 확인한 결과 전혀 엉뚱한 곳도 나타났다. 나는 즉시 전달받은 정보의 검증 과정을 거치면서 세 곳의 등기부등본과 토지대장, 건축물대장 등을 열람과 함께 발급받은 공부를 면밀하게 체크해나갔다.

전혀 무관한 곳도 있었지만, 다소 확률이 높아 보이는 곳도 있었다.

메모지를 재차 보면서 이번에는 인적사항을 가지고 확인된 실명을 검증해보았다.

그 결과, 주민등록번호도 실명 확인이 되질 않았다.

주소는 강남과 영등포, 그리고 마포의 아파트였으나 의뢰인인 박 회장님 측에서는 이렇듯 좋은 값비싼 아파트엔 살지 않을 것이라고 하면서 삼십 대 초반에 마지막 만났을 때의 상황을 그대로 재연하며 들려주었다.

포커스를 어디에 맞춰야 하나 고민에 빠질 찰나에 박 회장님의 얘기가 계속 이어졌다.

"삼십 대 초반에 정수와 우리가 암사동의 아파트 근처에서 쐬주잔을 기울이고 있었는데…"

하면서 당시의 상황을 더듬어서 끄집어내고 있었다.

당시 어린 자식으로는 아들과 딸이 있었으나, 우울증으로 상당히 힘들어했고 부인과도 이혼 얘기가 오고 갈 정도로 심각한 상황에 처해 있었던 것을 본 게 마지막이었다고 했다.

"친구는 친구를 알아본다."

아마 지금 살고 있다면 형편이 그다지 좋지 않을 거라 하며 아주 단정적으로 선을 그어댔다.

그래서 모 심부름센터에서 알려준 강남 주소를 무시했다고 했다.

사실 그 주소지들을 추적해보았지만, 강남의 주소는 존재하지 않는 지번에 있었다.

현장 확인도 거쳤지만 무의미했다.

영등포와 마포도 확인을 거쳤으나, ○○중학교 출신은 아니라고 단정적으로 말했다.

사건은 미궁에서 좀처럼 벗어날 기미를 보이지 않고 있었다.

제 3 편

지금 하지 않으면 인생의 선물은 없다

제임스 그린의 『내가 만약 인생을 다시 산다면』에는 이런 얘기가 있다.

"내일을 기약하지 못한다."

"시간이란 한번 가버리면 다시는 돌아오지 않는 선물과도 같다."

"지금 하고 싶은 일을 뒤로 미루는 사람에게 인생의 선물은 없다."

박 회장님은 인생에서 후회할 일을 결코 남기고 싶지 않은 것처럼 보였기 때문에 나는 돈을 떠나서 인간적으로 꼬옥 인생의 선물을 안겨드리고 싶은 마음이 간절했다.

주민 번호상에 나타난 것과 학교에서 파악된 생년월이 일치한다는 점을 발견하면서 뭔가 잡힐 것 같은 강한 느낌을 받고는 해결방안을 가장 원시적인 방법에서 시작해보기로 마음먹었다. 또 다른 한편으로는 ○○중학교 동문회장과 총무를 찾아 도움을 요청했다.

그러나 동문회의 적극적인 도움 속에서도 의뢰인이 찾는 이정수는 어디에도 그 흔적이 없었다.

아니, 흔적이라기보다 아예 동문회에 발을 들인 적이 없었고 몇 안 되는 동기생 중에서도 이정수(가명)를 기억해내는 분들은 없었다.

그렇다고 거기서 포기할 상황은 아니었다.

이 사건 자체의 메모 기록을 화이트보드에 기록해보면서 복기해보았다.

'1943년 2월생의 이정수'를 찾아라….

답답한 일이 아닐 수 없었다. 생년월일과 이름도 똑같은 사람이 몇 명씩이나 되는 경우도 있는데….

그래도 정확한 정보만 손에 쥔다면 풀어내는 것은 큰 문제가 될 수 없었다.

시간은 여지없이 흐르고 또 흘러 벌써 수임 3주째로 접어들고 있었다. 이대로 지지부진하게 시간만 끌 수는 없었다.

하는 수 없이 1943년 2월생의 이정수의 윤곽을 정보책을 동원하여 대충 파악한 나는 마무리작업에 박차를 가하며 들어갔으나, 방문하는 곳마다 의뢰인이 찾는 이정수는 어디에도 존재하지 않았다.

무엇이 잘못된 것일까?

거기에는 과거 모 심부름센터에서 받았다는 이정수의 주소와 같은 사람도 있었다.

그곳의 심부름센터도 뭔가 조사를 하긴 한 것 같은데 추적이 쉽지는 않았을 터, 사실 이 사건은 해결 자체가 매우 어려운 유형의 사람 찾기였다.

닳고 닳은 메모장을 뒤척이며 생각을 정리하고 또 정리했다.

그러던 차에 갑자기 미로 찾기에서 빠져나오는 듯한 묘한 기분이 들기 시작했다.

고향이 서울이고 동대문 근처에 거주했었다는 메모를 찾아내면서 사건은 반전의 요소를 갖추며 클라이맥스로 접어들고 있었다.

사건 수임 45일째 되던 날이었다.

정보책으로부터 연락이 왔다.

서울이 본적지인 이정수를 찾아봐 달라고 주문했던 것이 주효한 것이었다.

성수동의 본적지를 둔 이정수는 단 한 명이었다. 이 사람이 성남의 허름한 다세대주택에 거주한다는 얘기를 건네주었다.

박 회장님 쪽에 연락하니 즉시 세 명의 절친과 함께 차를 몰고 와 사무실 앞에서 빨리 내려오라고 전화통이 불이 나기 시작했다.

차량 안에서는 그간의 얘기를 듣고는 이구동성으로 우리가 찾는 이정수가 조건에 딱 맞는 것 같다고 하며 얼굴색이 달라지며 다소 흥분하는 듯했다.

차량은 벌써 서부 간선도로에 진입하여 빠른 속도로 서해안 고속도로 입구를 향해 질주하기 시작했다.

일직분기점이 지나고 광명 IC를 뒤로하며 어느덧 차량은 조남분기점에서 외곽순환로 판교 방향으로 들어서며 속도를 한층 올리고 있었다.

30여 분가량 차를 몰아 목적지 다세대주택에 도착한 즉시 사전에 파악된 이정수 집을 방문했으나 문 안쪽에서 인기척은 전혀 없었다.

앞집에 물어봐도 누가 누군지 잘 모른다고 외면했다.

우리가 사는 세상이 얼마나 각박한 사회인지 단적으로 메시지를 던져주고 있었다.

박 회장님 일행은 기다리다 지쳐 금강산도 식후경이라고 하며 일단은 저녁을 먹고 기다리는 게 나을 것 같다고 하면서 근처에 있는 식당을 찾아 나섰다.

우리는 장어구이로 식사와 반주를 겸해 서둘러 마치고 주변에서 대기하고 있었으나 밤 10시를 넘어서도 인기척이 없어 오늘은 그만 철수하고 내일 다시 와보자고 하며 박 회장님은 나에게 간결하고 힘찬 메시지를 던져왔다.

"이제 자네는 안 와도 되겠네…. 느낌상 거의 맞는 것 같으니 우리가 확인하고 연락해줌세…."

나는 편하실 대로 하시라고 하며 현장을 인계하며 이정수 사건을 일단락 짓고 귀경길에 올랐다.

그간에 지친 몸을 버스에 싣자 이내 긴장감에서 벗어나서인지 저절로 눈꺼풀이 덮어지고 단잠에 빠져 버렸다….

다음날 오후 6시쯤 되었을까….

박 회장님의 들뜬 목소리가 들려왔다.

"정말 고맙네. 드디어 찾았네. 우리가 찾던 정수가 맞아! 정말 수고 많았네. 그리고 내일이나 모레쯤 내가 사무실로 가겠네…."

오늘은 너무나도 반가워 친구들과의 얘기가 밤을 새워도 모자랄 것 같다며 다소 격앙되어 흥분된 목소리였다.

"그럴 만도 하지…."

이 선물은 기적과도 같은 인생 최고의 선물이었을 것이다. 그리고 사람이 해결하려고 하는 의지만 있다면 무엇이든 가능하다는 것을 보여준 극적인 사례일 것이다.

찌그러지고 볼품없는 양은 재떨이는 꽁초로 산을 이루고 있었고 어느새 비워진 막걸리 통이 수북이 쌓이면서 퇴근을 종용하며 우릴 밀어내고 있었다.

주막 내에서는 잔잔한 노랫가락이 흘러 퍼지고 있었다.

"세월 그것은 바람, 한번 가면은 다시 돌아오지 않네…."
"별~ 별만큼이나~ 나를 스쳐 간 잊혀진 얼~굴…."

이미 고인이 된 김정호의 노랫가락이 가슴 깊이 와 닿으며 일렁이고 있었다. 지금도 박 회장님은 한 번씩 옛날 어릴 적 기억 속에 남아있는 친구분들을 찾는 일을 의뢰하고 계신다.

작은 일이라고 무시해선 안 된다. 그 작은 일이 얼마나 큰일이 되어 돌아올는지는 아무도 알 수가 없는 게 우리가 사는 세상이다.

제 2 화

성추행범의 흔적을 찾아서…

제1편

사주팔자는 있다

인터넷으로 알아보던 중 사람을 찾아 준다기에 전화 드린다며 꼬치꼬치 캐묻는 영맨 선생님에게 나는 1시간가량을 집중적으로 심문을 당하듯이 흔치 않게 매우 도전적인 전화상담을 했다.

본시 전화상담 시 미끼질을 많이 하지만, 다른 곳과는 달리 나의 업무방침은 절대 강요하지 않는다는 것이다. 그러나 방문상담이 이루어지면 모두가 의뢰를 떠넘기다시피 하며 "잘 부탁합니다."로 마무리 되곤 한다.

전화상담은 여러 유형의 사람들이 많아 각별히 조심할 수밖에 없다는 게 나의 지론이었다.

일반적으로 이 분야에 초보가 여러 사람들을 만나 현장감을 키우며 적어도 준선수가 되기까지는 대개 3년 정도의 수련이 필요하다. 그간 크고 작은 사고를 치며 자신을 곤경에 처하게도 하지만…. 약간은 꼴통 기질도 다분히 있어야 이 바닥의 일도 할 수 있을 것으로 생각한다. 모두가 그렇지는 않겠지마는….

나는 과거 부동산 바닥에서 잔뼈가 굵었고 심지어는 백 년 전 사람의 흔적을 쫓아 모두가 다 불가능하다고 보이는 일도 집요하고 끈기 있게 풀어내었으며 고객과는 끈끈한 인간미를 나누고 세월이 흘러도 가끔씩 연락하면서 의뢰인들이 필요로 할 시에는 애프터서비스에 나서기도 한다.

우리는 항상 때를 기다리며 산다. 주변이 성숙해진 그런 때를 말이다. 물 흐르듯이 매끄럽게 더불어 흐르며 티 내지 않고 순응하는 게 자신을 위하는 길이라 생각해본다.

사실 조사 분야에 있어 핵심은,

첫째, 정보 소스에 정통해야 하고

둘째, 폭넓은 정보를 효율적으로 모을 줄 알아야 하고

셋째, 그 수집된 정보들을 정리해낼 줄 아는 힘이 필요한 것이 정설이다.

얘기가 잠시 곁가지를 타고 흘러 사람 찾기의 본질을 다소 훼손하는 듯하지만, 모두가 다 진행과정의 하나라고 보면 될 것이다.

그 이튿날은 무더위가 한층 더 기승을 부리고 있었다.

수화기 건너에서 학원 선생이라고 자신을 소개하며 상담예약을 하고자 했다.

전날 통화했던 영맨 선생님의 목소리였다.

약속 시각을 물어오기에 나는 오전 시간이 편하다고 하여 11시에 만나자고 하면서 사건 의뢰 관련 자료는 전부 다 챙겨오라고 꼼꼼히 일러줬다.

약속한 다음 날, 약속시각보다 1시간이 늦어지고 있을 때 차임벨이 울렸다.

'딩동~ 딩동~ 딩동~!'

"네~!"

"어제 약속했던 ○○외국어학원의 정다운입니다."

"들어오시지요."

상담실로 안내하면서 앞장선 나는 매우 부드럽고 조심스럽게 말했다.

"안 오시는 줄 알고 다른 일정이 있어 준비 중이었습니다."라고 의뢰인의 심리를 파악하며 머릿속을 정리해 나갔다.

잠시 후, 이 실장이 시원한 주스를 꺼내왔다.

단숨에 주스를 비워버린 그는 미안한 듯이 한 잔 더 달라는 말을 못하고 있기에 이내 표정을 읽은 나는 재빨리 냉수를 한 잔 따라 건네며 재촉하듯 말했다.

"무슨 일이신지요?"

그러자 의뢰인은 가방에서 자료부터 꺼내 보이며 말했다.

성추행으로 지금의 학원에서 문제를 일으켰던 최 선생은 근로계약기간이 6개월 정도가 남은 상태에서 어느 날 갑자기 종적을 감추었다. 가벼운 일로 여기었던 학원에서는 사흘이 지나도 그의 연락이 없자 퇴직처리를 하려고 여동생에게 연락했으나, 그녀도 오빠인 최 선생이 학원을 그만둔 사실조차 알지 못했다고 말했다.

그러던 차에 학원의 수강생 중 한 여학생의 부모가 학원으로 찾아와 추행 사건에 대해서 조심스럽게 이야기하며 최 선생의 행방을 물어오면서 사건의 내막이 알려지기 시작했다고 하였다.

정다운 선생은 최 선생의 신상과 그간 지내왔던 부분에 대해서 솔직하게 전부를 쏟아내었다. 그리고는 시끄러워진 내부 문제를 해결하기 위해서 최 선생을 붙잡아 해당 학생은 물론, 학원의 모든 선생들에게 정식 사과를 하도록 하는 게 이번 일을 추진하게 된 근본적인 목적이라고 배경 설명까지 상세하게 해줬다.

나는 최 선생의 공백 동안 학원에서는 내부적으로 어떤 조치를 취했는지를 정다운 선생에게 되물었다.

이미 학원에서도 대상자가 머물고 있는 숙소와 이사한 고시원 등을 다녀왔고 여동생 집에도 수차례 방문하여 숨어있지 말고 학원으로 나와 본인이 해명해달라고 요청했으나 가족들은 그가 있는 곳을 모르쇠로만 일관했다고 말했다.

더불어 의뢰인인 정다운 선생이 신신당부하던 사안이 있었다.

그것은 비용 관련 부분이었다.

학원장의 최종결재를 얻어야 하니 비용 부분을 약간 조율해달라고 하며 자리를 떠났다.

떠난 즉시 우리는 자료검토에 착수했다. 최 선생은 지방에 있는 국립대학에서 외국어를 전공하였으며 모친이 사는 곳은 부산이었고 부친은 10여 년 전에 암으로 사망했다고 자기소개서에 적혀있었다.

보통사람과는 달리 학교의 재학기간이 8년 정도로 퍽 길었다. 학비를 본인이 벌어서 학교에 다녔기 때문이라 감지되는 부분이었다.

기록 중에는 없었으나 나중에 알게 된 사실인데, 군 복무 시절 탈영하여 약 6개월 정도를 잠적한 전력이 있었다는 기록이 있었다. 희망의 끈이 멀어지는 것 같은 느낌을 지울 수가 없었다.

내부 미팅을 거쳐 대략 3일 동안 사이버 조사팀에서 모든 흔적을 찾아보기로 하며 각자 나름대로의 영역에서 추격이 시작되었다. 나는 원로 선생님께 조언을 받기 위해 주민등록번호를 토대로 양력과 음력으로 일러주면서 사주팔자를 물어보았다.

내용은 놀랍게도 양력으로 생년월일을 토대로 하여 나온 사주와 최 선생의 자기소개서에 기록되었던 내용과 거의 일치하고 있었다.

최 선생과 만날만한 기일도 받으면서 선생님은 내가 찾는 최 선생이 아마도 남쪽에 위치한 지역에 있을 거라 하면서 최 선생의 엄마 집 근처에서 크게 벗어나지 않을 거라 말씀해주셨다.

"고생하시게. 시간이 조금 걸려서 그렇겠지만, 어렵지는 않겠어…"

돌아서 나가는 내 뒷모습이 무거워 보였던지 선생님께서는 한 말씀 하셨다.

터벅터벅 길을 재촉하면서 가슴속에서는 나의 무기력함을 털어내는 희망의 불씨가 피어오르는 듯 묘하게 야릇한 기분이 엄습해왔다.

제 2 편

모든 것은 가능하다

"항상 어떻게 하면 가능한지를 먼저 생각하라."

"해결하려고 하는 의지만 있다면 모든 것은 가능하다."

평생의 내 생활신조로 자리매김한 말이다.

사이버 조사팀에서는 사흘 동안의 재조사가 여느 때와 다를 바 없이 차분하게 이루어졌다.

우선 여동생과 같이 지냈다던 용산의 집과 그 후의 행적으로 파악된 ○○고시원을 살펴보고 서울에서의 행적을 좇아서 당시 그때의 상황으로 초점을 맞췄다.

참고할만한 것은 최 선생은 대단한 영화광이었다는 사실이었다.

그의 흔적을 구글에서 추적하던 중 영화 관람평이 일품이었던 ○○블로그에서 그의 흔적을 찾을 수가 있었다.

온라인상에서는 이미 상당한 논객으로 전문 영화평론가 이상으로 독자들의 시선을 모으고 있었으며 영화평을 보면서 최 선생이 내성적이고 가정에도 많은 문제가 있는 것으로 추정할 수 있었다.

그리고는 어머니와 계부가 살고 있는 부산 지역이 은신처로는 최적의 요건을 갖추고 있는 것으로 파악되었다.

서울에서 혹시나 여동생 집 인근에서 행동할 수도 있지 않을까 하고 검토해보았지만, 가능성은 매우 희박해보였다.

예상되는 최 선생의 현재 위치는 남쪽 지역이고 어머니가 살고 있는 주거지 근처에서 은신하고 있다는 선생님의 조언이 생각났으나, 우선은 서울도 숨어 지내기에는 무시할 수 없는 최적의 도시였기 때문에 등잔 밑부터 확인해볼 필요가 있었다.

서울에서 유일한 혈육인 여동생 집에 비중을 두고 잠복에 들어가는 한편, 박 실장은 조수와 함께 부산과 창원의 대학 인근의 과거 흔적을 토대로 지방 출장길에 나섰다.

지방에서의 일주일간의 과거 행적을 좇아본 박 실장은 전화로 약식 보고하며 서울에서 김 서방 찾는 거나 별반 다를 바 없다고 볼멘소리를 했다.

그러면서 박 실장과 조수는 부산에서의 첫날밤을 나이트클럽에서 회포를 풀었었다.

법인카드가 그걸 반증해주었으나, 자칫 현지 출장에 기분 상할까 봐 나는 짐짓 모른척하고 출장이 끝나고 귀경할 때까지 기다리기로 마음먹었다.

잦은 출장으로 전국 구석구석 오지 여행이 더러 있다 보니 별다

른 일이 없으면 시야도 넓힐 겸 주변의 상황을 체감하며 직접 느껴
보는 것도 좋다. 그러나 그것은 일이 마무리되었을 때나 가능한 일
이지 현지에 도착하자마자 그러는 건 조금 심하다고 귀경한 박 실
장에게 핀잔을 주자 이것도 사람 찾기 과정이라며 박 실장이 핏대
를 세워 그만 덮어두었다.

한편, 서울에서의 잠복은 여동생의 반복되는 출퇴근 외에는 아무
런 방문객이나 인기척이 없었다.

그러던 중 잠복조에서 연락이 왔다. 최 선생의 모친으로 추정되
는 사람이 여동생 집에 와있다는 것이었다.

현장 조사팀의 이 실장은 우직하고 선이 굵은 사람이다.

그뿐만 아니라 명탐정의 자질을 타고난 빼어난 조사 능력과 후각
을 가지고 있었고 컴퓨터 다루는 능력이 남달랐으며 과거 방송국
근무 시절 경험을 되살려 거의 일당백의 능력을 두루 갖춘 이 바닥
에선 흔치 않은 사람이었다.

그도 나와의 인연 때문에 이곳에서 한솥밥을 먹고 있었다.

일요일 아침, 집 안 청소 중인 여동생 집 문 앞에서 모녀간의 대
화 중에 최 선생이 사고를 치고 내려왔다는 얘기와 학원에서 사람
들이 최 선생을 찾으러 용산의 여동생 집을 수시로 방문했다는 것
을 이 실장이 보고해왔다.

더불어서 나는 사건의 실마리를 풀어낼 수 있는 최 선생 어머니

의 이후 행적을 체크해보기로 마음먹고 착착 사무실에서 박차를 가하고 있었다.

부산과 창원 쪽에서 행적을 좇았던 박 실장 팀이 일주일 만에 서울로 복귀한 연후라 인원 배치는 여유가 있었다.

나중에 박 실장의 조수에게 들은 얘기지만 창원에서 비슷한 사람을 원룸에서 찾아내어 한바탕 쇼를 벌였다는 웃지 못할 촌극도 있었다고 했다.

생각만 해도 우스웠다.

아마도 박 실장의 기질로 봐서 즉시 확인 작업을 필요로 했을 것이고 십중팔구 택배원으로 위장해서 들어가 최 선생의 사진과 대조 작업을 거쳤으리라 추정했다.

그리고 최종 대조 작업 결과, 최 선생은 아닌 것으로 판명되었을 것이고….

박 실장은 어수룩해보이지만 빈틈이 없다. 부산에서 최 선생의 모친이 사는 아파트 단지의 경비원 아저씨를 단단히 매수하여 중간중간 행적을 파악하곤 했을 정도로 치밀했다.

서울에선 제일 중요한 최 선생의 모친이 때마침 상경해 있으니 최 선생이 서울에 숨어 있다면 따라 붙을 수 있는 절호의 기회였다.

이 사건은 이미 절반의 성공을 넘어 제법 좋은 결과를 암시하고 있었으나, 긴장의 끈을 놓칠 수는 없는 일이었다.

방심하는 순간 사건은 원점으로 돌아간다는 것을 누구보다 이 실장은 잘 알고 있었기 때문에 좀 더 바짝 밀어붙이고 있었다.

이틀 밤을 서울에서 지낸 최 선생의 모친이 다음 날 아침 일찍이 움직이고 있었다. 서울역으로 향하는 버스였다. 이 실장이 같이 버스에 함께 타고 우린 서울역으로 먼저 이동하여 기다리고 있기로 했다.

최 선생 모친은 서울역에서 KTX를 타고 부산 자택으로 내려가는 코스를 밟고 있는 듯했다.

박 실장은 부산까지 동행한다며 잽싸게 움직였고 티켓을 구매하는 사이에 조수는 몇 호 차에 탑승하는지를 확인하고 있었다.

모든 것은 순조롭게 진행되었다.

또 부산이네….

과연 부산에서 최 선생이 나타날 것인지 나타난다면 그 시기는 언제쯤이 될 것인지….

사건을 수임한 지 벌써 한 달이 지나고 있었으나 우리는 마음과 다르게 더디게 움직이고 있었다.

속은 썩어 문드러질지언정…, 오직 참고 묵묵히 기다리는 시간만이 필요할 뿐이었다.

난 가끔 직원들에게, 특히 신입에게는 이런 말을 자주 하곤 한다.

"두뇌 회전이 빠른 탐정은 대화 과정에서 많은 것을 배우고, 질문

과정에서 사고를 키우며, 논쟁 과정에서 깨우침을 얻는다"며 책 속의 이야기를 들려주곤 했다.

그것도 부자연스러우면 쓰레기론도 펼치곤 했다. 폐품수집가 워드 해리슨을 들먹이며,
"쓰레기는 영혼을 들여다볼 수 있는 창이다."라고 쓰레기 봉지 속에서 건져낸 물건이 유용한 이유를 궤변처럼 나열하곤 했다.
"쓰레기 봉지 안의 내용물은 실제로 일어난 행동들을 반영하며 언젠가 일어날 미래의 일이 아닌 이미 일어난 행동을 반영한다."는 것이라며 열변을 토한 적도 있었다.

즉, 쓰레기도 증거자료로는 아주 유용한 것이다.
그리고 그것은 버려진 물건이기 때문에 소유자의 의식에서도 사라진 것들이다.
결정적 증거를 쓰레기 봉지에서 수거한 적이 과거 여러 차례 있었기 때문에 하나라도 소홀히 할 수는 없었다.

기차는 이미 한강철교 위를 열차 음을 심하게 토해내며 통과하고 있었다.
"경비도 바닥이 났을 터인데 해결하지 못하면 어쩌지…."
박 실장은 근심으로 뒤엉켜 최 선생 모친을 추적하는 업무도 잊은 채 평정심을 잃어가고 있었다.

누구보다 더 회사 사정을 잘 알고 애사심도 깊어 제대로 된 조사 업체를 일구어내는 데 일조하는 것이 박 실장의 포부였다.

나는 이 실장과 철수하면서 평소 자주 가던 음식점으로 갈 것을 제안했다.
그리곤 맛깔스러운 점심을 먹고 오늘은 남은 일정 없이 그냥 쉬자고 했다.
모처럼 꿀맛같이 제대로 된 음식을 먹고는, 배부르고 등 따시면 이렇지 않을까 싶을 정도로 만족한 모습이 이 실장에게서 묻어 나오고 있었다.

등잔 밑이 어둡다

Funny money

우리가 사는 세상에서 거래하는 지폐, 즉 '돈'을 얘기한다.

다름 아닌 '가짜 돈'.

그렇다면 '진짜 돈'은 무엇일까?

아마도 '금'이나 '은' 등의 실물을 지칭하는 것일 터….

경비가 바닥이 난 건지 내 얼굴을 다소 피하는 듯한 분위기가 연출되고 있는 게 촉으로 다가왔다.

실물투자에 다소 식견이 있어 가지고 있던 은괴를 조용히 챙겨서 종로로 향해 정리하니 수익은 180% 정도를 상회하고 있었다.

현금을 이 실장에게 건네면서 일이 끝나는 즉시 홍천의 광원리 쪽으로 직원들과 휴가나 다녀오자고 했다.

분위기는 다시 살갑게 느껴졌다.

기업이란 구멍가게에서부터 대기업까지 이윤창출을 위해 부단히 노력하기는 하지만···.

노력한다고 다 성공할 수는 없는 게 우리 사회의 현실이다.

그러나 어떤 상황에서든지 결과를 떠나서 최선을 다할 수밖에 없는 게 우리에게 주어진 현실이다.

전쟁터에서 총만 가지고 싸울 수는 없다.

그 외의 부수적인 군수품들의 지원이 지속적으로 이루어져야 한다.

필드에선 열심히 뛰어다니고 있는데 갑작스레 군수품 지원이 끊긴다면 리더로서의 자격상실이다.

항상 동생들처럼 잘 보살피며 지내왔지만, 늘 그렇듯이 돈 앞에만 서면 나약한 존재로 다가오는 모습을 직원들에게는 그래도 보이긴 싫었다.

별다른 소득도 없이 KTX를 타고 졸지에 부산까지 다녀온 박 실장은 뭔가 해결의 실마리가 있는 것처럼 톤을 높였으나, 모든 상황은 그야말로 '무더운 한여름을 나기 전 장마전선이 잠시 소강상태에 있다'는 표현과 딱 들어 맞아가고 있는 듯했다.

추적의 고삐는 느슨해지며 점차 희미해져 가고 있었다.

학원에서 정다운 선생의 연락은 가끔씩 오곤 있었지만, 지금의 상황을 달리 설명할 방법이 없어 있는 그대로를 사실대로 얘기해주었다.

정 선생은 그러나 희망의 끈을 놓지 말라고 하며 좋은 소식으로 보답해 줄 것을 믿는다고 하면서 전화를 끊었다.

용산의 여동생 집 주변에서 계속적으로 잠복하여 흔적을 찾아내기에는 다소 무리가 있는 듯해서 일단은 철수를 지시했다.

사건 수임 51일째가 되던 7월 28일이었다.

난 아침 일찍 사무실을 나섰다.

우리 회사는 폐기물 관련 기업 조사에 총력을 다하며 바쁜 시간을 보내고 있던 터라 최 선생 사건은 잠시 직원들의 기억 속에서 잊히고 있을 무렵이었다.

외출 후 점심시간에 맞춰 들어온 나는 직접 챙겨온 부식 재료거리를 정리하면서 모처럼 사무실에서 취사를 할 요량으로 정성껏 준비했다. 요리에는 다소 일가견이 있는지라 짧은 시간에 이것저것 많은 것을 준비하였다.

우린 식탁에 둘러앉아 안양천이 내려다보이는 스카이라운지 분위기의 사무실에서 평범한 일상의 잡스러운 얘기 속에 평소보다는 이른 점심을 마쳤다.

커피잔을 들고 다시 마주 앉기가 무섭게 나는 장비를 챙겨 즉시 부산의 최 선생 모친이 있는 곳으로 내려가라는 2박 3일간의 잠복 일정을 지시하였다.

이번 팀은 이 실장과 박 실장이 함께 내려가라고 하면서 각별히 오늘 오후부터가 중요하니 도착 즉시 보고하라고 했다.

기업 관련 내부 조사 중에 갑작스러운 부산 현장 투입에 모두가 기가 막히는 듯했으나 아무도 반론을 제기하는 사람은 없었다.

Mind hunter….

촉은 빠르고 가끔 신기가 발동하는 듯 남들과는 다르게 사건을
해결하곤 해서인지 불만 없이 받아들이는 듯했다.

이 실장과 박 실장은 즉시 부산으로 떠났다.

저녁 무렵, 우리는 모두 부산에서 일어나게 된 일에 대해서 정말
까무러치게 놀라고 말았다.

6시쯤 도착한 박 실장팀은 아파트 정문 입구와 뒤쪽의 최 선생
모친이 기거하는 출입문이 보이는 곳과 두 곳으로 나누어서 잠복하
던 중에 저녁 7시가 넘어가고 있을 무렵 오토바이 한 대가 미끄러
지듯 들어왔다.

헬멧을 쓰고 있어 식별이 어려웠으나 박 실장은 즉시 아파트 입구
쪽을 주시하고 있는 이 실장에게 연락했다.

잠시 후, 이 실장은 헬멧을 쓴 사람이 집으로 들어갔는데 나오지
않는다고 했다.

박 실장은 즉시 오토바이 넘버를 파악하고 모친이 살고 있는 곳
인 907호로 향했다.

그리고 내부의 소리를 듣기 위해 오른쪽 귀를 밀착하자 문 안쪽에
서 흘러나오는 소리가 박 실장을 최고조로 긴장하게 하고 말았다.

"엄마."하는 젊은이의 목소리를 들었기 때문이었다.

즉시 박 실장은 서울의 사무실로 긴급 타전했다.

최 선생으로 추정되는 인물이 지금 모친의 아파트에 와 있어 현장 확보가 필요하다고 했다.

영상 대조 작업이 반드시 수반되어야 할 터….

우리의 염원이 천상에 이르렀는지 잠시 후에 최 선생 모자는 아파트 문을 열고 나와 주변을 살피고 있는 게 아닌가?

정말 하늘이 주는 사건 해결의 마지막 기회였다.

이 실장이 영상을 잡고는 이내 전송했다.

틀림없는 최 선생이었다.

사건 수임 51일째 되던 날 우린 신기에 가까운 촉감으로 가까스로 절망 속에 빠질듯한 사건의 실체를 수면 위로 부상시키자 모두는 흥분하고 있었다.

그러나 선수는 선수다워야 했다.

학원의 정 선생과 조율을 마치고 나는 심야 고속으로 현장에 내려간다고 했다.

학원에서는 다음 날 아침에 출발하겠다고 말했다.

이유는 간단했다.

학원에서는 저녁에 회식이 있어 동행을 못 하고 다음 날 아침에 KTX로 내려간다는 것이다. 현장 확보가 필수인 나는 다음 날 아침 최 선생이 오토바이로 나가게 되면 추적이 어렵다고 판단하여 현장에서 육탄으로 최 선생의 오토바이를 막고 사고로 위장하여 저지할 생각이었다.

또 그렇게 해야 의뢰인들이 도착할 때까지 시간을 벌 수 있어 자정이 바로 지날 즈음에 심야 우등고속에 몸을 실었다.

그동안 우리를 반기지 않는 듯했던 부산은 7월의 마지막 바다 내음을 뿜어내며 휴가철의 들뜬 분위기와 함께 서서히 그 마지막 종착역을 향해 다다르고 있었다.

제 4 편

신기가 발동하다

새벽녘에 부산터미널에 도착하여 인근의 찜질방에서 피로를 풀고 오전 8시 무렵에 나는 현장에 당도했다.

합류한 우리는 간단한 식사를 마치고 영업용 택시를 한 대 대절하여 토끼몰이 차량을 두 대로 늘려 관문을 차단하고 있었다.

마음속엔 오늘 대단원의 막을 내리고 서울로 올라가 편안한 마음으로 여유롭게 막걸리나 한 잔 걸치고 싶은 게 간절했지만, 현장은 돌발 변수들이 늘 산재해 있어 새삼 세상일이란 알 수가 없는 노릇이었다.

정신을 집중하자고 팀원들을 격려하며 아파트 앞 편의점에서 사온 커피를 전달했다.

커피를 한 모금 들이마시고는 마음을 가다듬으며 간밤에 심야 고속버스를 타고 오며 꿈을 꾸었던 얘기를 재미 삼아 들려주었다.

꿈속에서 나는 승용차를 타고 도주 중인 최 선생을 계속 쫓아다니다 계곡으로 들어가서 펜션에서 현장을 확보하고 마무리했었다는 얘기를 들려주었으나, 이미 확보된 현장에 웬 계곡이냐는 것처럼 박 실장과 이 실장의 눈동자가 의아한 듯 나와 마주치고 있었다.

뭔가를 암시하는 듯한 현몽은 괜한 것은 아닐 터인데…, 설마….

이미 확보된 현장 앞에서 그런 일이 일어날 거라곤 상상하기도 어려웠다.

서울에서 학원의 담당자들만 내려와 현장을 인수하면 그만이었기 때문에 어서 빨리 시간이 흘러 그들이 도착하기만을 기다렸다.

"제발 현장 인계 시까지 별일 없기를…."

7월 29일 09시 33분경.

그렇게 고대하던 우리의 기대는 순식간에 허물어지고 말았다.

갑작스레 아파트 문이 열리며 모친이 먼저 나와 안테나를 바짝 세워서 주변을 맹렬히 사주 경계하듯 관찰하며 휘젓고 있는 모습이 망원렌즈에 들어왔다.

잠시 후, 최 선생과 계부가 나왔으나 아파트 주차장에서 오토바이는 제쳐놓고 세 식구가 나란히 흰색 아반떼 승용차에 탑승하고 있었다.

나들이 물품 등과 음식 등을 꾸려 트렁크에 넣는 것을 보니 어쩌면 오늘 돌아오기 힘들지도 모른다는 생각이 문득 스치듯 지나갔다.

아마도 가족 휴가를 떠나는 듯한 분위기로 감지되고 있었기 때문이었다.

시작부터 꼬이는 기분이었다.

모든 짐이 실리기가 무섭게 아반떼는 아파트 정문을 나서 도로를 달리기 시작했다.

신호 대기 중에 최대한 밀착하여 아반떼 옆에 붙어 내부를 살피니 최 선생은 뒷자리에 홀로 앉아 불안한 듯한 기색 속에서 차창 밖을 내다보고 있었다.

차량은 도심을 가로질러 이내 고속도로로 진입하여 서울 방향으로 움직이기 시작했다.

앞서거니 뒤서거니 우리의 차량은 마치 최 선생이 탄 아반떼 차량을 캄보이 하듯 모시며 경주 톨게이트를 빠져나와 한참을 달리자 우리는 ○○산 휴양림에 도착하게 된 사실을 알 수 있었다.

한편, 서울의 학원에서 출발한 담당자는 부산역에 도착하여 렌터카를 대여하여 어디로 가야 하는지 문의해왔다.

속은 썩어 문드러져 왔지만, 그래도 고객에게 강공 드라이브를 걸 필요는 없었기에 현장을 이동하였지만 안전하게 병풍을 치고 있으니 천천히 오라고 하며 주소를 가르쳐 주었다.

전세택시도 더 이상의 상황 전개가 없을 듯하여 서둘러 비용을 지급하여 돌려보내고 현장을 정리하기 시작했다.

오후 3시쯤 현장에 도착한 렌터카 안에서 그간의 상황을 정리하여 인계했다.

오늘 뜻밖에 발생한 현장 이동에 대한 비용은 의뢰인이 자기 쪽에서 빨리 대처하지 못한 잘못도 있으니 추가로 지급해주겠다고 했다.

정다운 선생은 정말 대단하다고 연신 감탄에 감탄을 거듭하며 매우 흡족해하는 표정이었다.

우리는 서둘러 작별 인사를 나누고 포항으로 행로를 잡았다.
포항은 특히 물회가 유명하여 여름철엔 시원하고 그 칼칼한 맛이 일품이어서 기대를 충족시키기엔 그만이었다. 물회와 소주로 이번 사건의 대미를 장식하고 지난 51일간의 시간을 복기해보았다.

'모든 것은 가능하다. 해결하고자 하는 의지만 있다면…'
급히 준비한 봉투를 하나씩 건네며 두 달 남짓한 사건 해결에 날을 세우며 오갔던 마음들을 떨쳐버리라고 하면서, 그리고 내일은 평일임에도 모두 하루 쉬자며 서울의 사무실에 연락하여 본부 인원 1명을 제외하고는 휴식할 수 있게끔 조치하였다. 갑작스레 피곤이 몰려왔다.
어떤 사람처럼 되려면 반드시 심리학적으로 거쳐 가는 과정이 반드시 있다고 한다.
'나와 그 사람은 99%는 같고 나머지 1%만 다르다.'
그래야만 그 사람이 될 수 있고 도전의 가능성이 부여된다고 한다.
직원들은 누구를 롤 모델로 하고 있을까?
갑자기 그 점이 궁금해지기 시작했다.

제 3화

———

리턴 매치

제1편

신뢰의 산물

1년 전에 행적을 의뢰받아 한 주 동안 추적했으나 내연녀와의 확실한 관계를 밝히지 못하고 중단되었던 아주 버거웠던 사건이 있었다.

인천의 중견 기업체 대표로 있는 오 사장의 행적을 살펴달라는 부인의 조사의뢰 건이었다.

이야기는 1년 전으로 거슬러 올라간다.

오 사장은 최근 2년 동안 갑작스럽게 변해버려 부인과 자식을 외면하고는 자신의 건강을 핑계로 혼자만의 시간을 가질 수밖에 없다며 가정의 뿌리를 송두리째 뽑아버리고 인생 2막을 서서히 준비 중인 다중인격자였다.

그는 평일에는 포르셰를 타고 주말에는 바이크족으로 변신하는 등 오십 대 중반에 걸맞은 스타일로 남다른 삶을 즐기고 있었다. 인천 쪽 두 곳에 공장이 있어 오전에 출근하면 결재 후 오후부터는 행적이 묘연하다는 게 부인의 얘기였다.

때론 주중 하루 정도는 집에서 회사로 출근은 하지만, 사무실에는 오전에도 오후에도 나타나지 않는다고도 했다.

1공장과 2공장으로 각기 전문인력들이 상주하고 있으며 공장 운영에는 큰 문제가 없었고 이미 안정권에 진입해 성장 가도를 달리고 있어 그냥 놔둬도 큰 문제 없이 굴러갈 그런 회사라고 했다.

상담이 끝나고 모든 관련 자료를 넘겨받고 박 실장이 집이 인천인 까닭에 서둘러 인천 쪽으로 투입했다.

사무실 한쪽 회의실에서는 대형 TV 화면에 지도를 올려놓고 회사와 집, 그리고 영수증이 많이 발견된다는 일산 지역의 관련 업소들을 그려보니 공교롭게도 이동 동선이 삼각 구도를 이루고 있었다.

자택인 김포에서 회사까진 약 40분, 그리고 자택에서 일산까지는 20분 남짓 한강을 넘나드는 간편한 스피드웨이의 일상처럼 생각했다.

물론 내연녀로 추정되는 젊은 여자의 전화번호도 건네받았다.

부인이 통화한 내연녀의 목소리는 삼십 대 중반 이내로 추정되었고 목소리로 추정해보건대 상당히 지적인 느낌이라 술집 여성 같은 느낌은 아니라고 했다.

결혼생활 24년 차….

젊은 시절 직장생활부터 시작하여 사업체를 차려 정상궤도에 다다를 때까지 부인과 함께 이루 말할 수 없을 정도로 많은 고생과 노력을 하며 그는 지금의 터전을 일구어낸 것이었다.

그러나 이 년 전 그는 석연치 않은 병원 진단 결과를 받았다. 오 사장은 본인이 오래 살지 못한다고 가족 모두를 슬픔에 빠뜨리면서 점차 가정을 외면하기 시작했다.

그것이 회사와 가정만 알고 살아온 자상한 아버지이자 남편이었던 오 사장이 급작스레 돌변하게 된 계기라는 것이다.

하지만 부인은 그런 오 사장을 끔찍이도 보필했다.

건강 관련 식품과 약들이 집안 한쪽 방을 점령할 정도로 넘쳤고 오 사장의 외박이 자연스럽게 시작되었지만 스트레스로 건강이 악화될까 봐 눈치만 보고 살았을 정도로 부인은 오 사장을 배려했다고 말했다.

자녀들은 성인이 되어 외국에서 학업에 매진하고 있어 실제 국내에는 부부만이 기거하고 있는 실정이었다.

부인도 처음에는 그런 오 사장이 불쌍하여 지극정성으로 떠받들었으나 가끔씩 보이는 이상한 행동이나 말투에서 과거의 남편이 아니란 점을 느꼈고, 고심 끝에 몰래 행적을 좇아봤으나 번번이 놓쳤다는 것이다.

예비 조사에 나선 나는 이동 동선을 따라 사전에 먼저 움직이면서 오 사장에게 몰입했다. 오 사장을 마음속으로 느끼며 김포에서부터 인천, 일산의 동선을 머릿속에 그리며 사냥의 기쁨을 먼저 즐겨보았다.

출동 전날 간단히 삼겹살에 소주를 겸한 식사를 하며 주중에 포르셰, 주말에 바이크족으로 카멜레온처럼 변신하는 오 사장을 요리할 방법을 설계해보았다.

암소 한 마리를 가장 효과적으로 잘 먹는 방법은 잘게 쪼개서 그것도 부위별로 한입 한입 먹어야만 맛의 깊이를 느낄 수 있다는 논리를 펼치며, 우리도 비슷한 유형의 스포츠카와 할리를 대여했다. 그리고 주말에 띄울 것인지, 아니면 그냥 지켜볼 것인지를 고심하며 대책을 논의하고 있었다.

일단은 포르셰 추적이 관건이었다.

우선 차량은 3대(소나타, 로체, 모닝)를 투입하기로 하며 동선에서 요소요소에 대기장소들을 표시하며 긴장의 끈을 놓지 말도록 주문했다.

외곽순환로 인천 쪽 구간에서는 차량 정체가 평일에도 다소 심한 상태라 제아무리 포르셰라도 치고 빠져나가기는 어려울 것으로 생각하며, 한편으론 나 스스로의 열악한 조사업체의 환경에 애써 마음을 다스리며, 직원들 각자에게는 '모든 것은 가능하다'는 최면을 걸 수밖에 없었다.

제2편

토끼몰이에 나서다

첫째 날, 상공회의소에서 미팅을 마친 오 사장은 일행과 점심을 마치고 곧장 제1공장으로 이동했다.

우린 인근 편의점에서 커피를 마시며 무더위를 잠시 식히고 있는데, 느닷없이 공장 정문에서 검정 포르셰가 무거운 엔진음을 토해내며 우리 앞을 향해 오는 것이 아닌가….

시간은 오후 4시를 지나고 있었다.

박 실장은 즉시 이 실장에게 무전을 날렸다.

"토끼몰이 들어갑니다."

제1공장을 빠져나온 포르셰는 곧장 외곽순환로로 접어들고 있었다.

제일 먼저 바톤을 이어받은 이 실장은 빼어난 운전솜씨를 자랑하듯 톨게이트로 잽싸게 성공적인 토끼몰이를 하고 있었다.

박 실장과 신 이사도 이 실장의 차에 달린 강아지 위치를 파악하고 빠르게 뒤따르고 있었다.

자택 방향과는 달리 포르셰는 일산의 호수공원 쪽으로 방향을 틀며 즐비한 오피스텔을 지나 한 바퀴를 배회하다가 평소 자주 가던 술집의 지하 주차장으로 진입했다. 우리는 이 실장을 제외하곤 지상 1층에서 3층으로 곧장 올라 대기하고 있었다.

그러나 오 사장은 지하 4층에 주차하고 비상E/V를 타고 지하 1층에서 내려 계단을 이용하여 올라와서는 도보 이동하여 30m 떨어진 A 오피스텔 비상계단을 타고 올라갔다. 1층 비상계단 쪽의 보안장치와 2층 보안장치의 패스워드를 가볍게 통과하며 209호로 들어서자 기다렸다는 듯이 오피스텔의 문이 열리며 백옥같은 어여쁜 처자가 오 사장의 목을 끌어안으며 내부 깊숙이 파도에 휩쓸리듯 쓸려 들어가고 있었다.

일타 쌍피라….
한 방에 내연녀는 물론, 거처까지 나오자 모두는 다 끝났다고 생각했다.

그러나….
잠시 후 곧장 오피스텔을 나서는 오 사장을 보며 적지 않게 놀랐다. 오 사장은 먼저 빠져나와 인근의 고급음식점으로 발걸음을 옮겼다. 내연녀는 보이지 않았고 우린 음식점 주변과 내연녀 오피스텔을 분산해서 잠복하며 김밥으로 허기를 달래고 있었다. 두 시간이 지나자 식사를 마치고 나오는 사람은 남자들뿐이었다. 일행은 3명이었다.

다소 이른 시간인데도 반주를 거하게 걸친 것 같은 분위기를 풍겼다. 오 사장이 목소리 톤을 올리며 재촉했다.

"자~자~, 한잔 더 하자구."

2차를 제안하며 오 사장은 포르셰가 주차된 건물의 3층 BAR로 들어섰다.

정확히 한 시간 하고도 사십여 분이 지나자 오 사장은 거나하게 취해서는 섹시한 마담의 배웅을 받으며 나섰다. 출구가 3개인 상가 건물을 각자 주시하던 우리는 이들의 다음 행선지를 쫓았다.

코너를 두 번 돌아서 안마시술소라는 곳이 보이자 그곳으로 오 사장 일행은 조용히 사라져 버렸다.

판단이 쉽지 않은 하루였다.

일단은 며칠 동태를 살펴보며 분석할 필요성이 있었다.

새벽 1시가 지날 무렵에 오 사장 일행은 함께 나와 인근의 해장국 집으로 향했다.

우린 말없이 묵묵히 지켜만 보고 있었다.

모두가 상상의 나래를 펼치고 복잡한 계산 속에 있을 때 의뢰인으로부터 연락이 왔다. 현재 상황을 얘기해달라는 것이었다.

의뢰인은 오 사장과 통화를 했는데 아무래도 분위기가 이상하다고 했다.

아마도 오랜 삶의 동반자인 오 사장의 변화한 생활이 의뢰인을 몹시 짓누르는 듯해보였다.

본능적인 느낌이랄까…. 자칫 현장 상황을 앞서 가버릴 수도 있을 것 같아 기본적인 얘기로 친구들과 유흥을 즐기는 정도로만 보고했다.

일단 현재 일어나고 있는 현장 상황을 정리해낼 필요가 있었기 때문이었다.

현재의 상황이 지속적으로 유지된다면 오늘은 필시 내연녀에게 손님(?)이 온 날이 아닐까 하는 생각이 들어 모두에게 지시했다.

오 사장이 내연녀 오피스텔로 향하지 않으면 즉시 철수하라고.

당일로 끝내자고 했던 신 이사가 무겁게 말을 꺼냈다.

"할 수 없지…."

"변수가 있으니까…."

"시간도 널널하잖아…."

하면서 신 이사는 애써 웃으면서 마무리 박자를 넣자 모두들 각자의 휴식처로 핸들을 돌려 잡았다.

제3편

일단 스톱…

못내 아쉬운 하루를 지나고 이 실장 팀은 오피스텔 인근에서 잠복하며 내연녀의 행적을 쫓고 있었다.

그러나 온종일 움직임이 없다고 했다.

내연녀는 저녁 무렵이 되어서야 잠시 나와 편의점을 애완견과 같이 다녀온 일 외엔 외출이 아예 없는 특이한 행태를 보였다.

2개 팀은 오 사장의 행적을 파악하였으나, 업무적인 것 외에는 취미생활과 밤 문화를 즐기는 스타일로만 보였다.

부인은 초조해하면서도 내심 안도하는 분위기였다.

그러던 중 조사 5일 차가 되던 날이었다.

의뢰인으로부터 먼저 전화가 왔다.

당분간 중단해달라고 하면서 나중에 다시 연락할 때까지 '스톱'이라고 말이다.

뭔가 집안에 일이 발생하는 것 같은 분위기였다.

하지만 더 이상은 물어보지도 않았다.

'마크 트웨인'의 명언이 클로즈업되었다.
'거짓말에는 세 가지 종류가 있다. 그냥 거짓말과 지독한 거짓말, 그리고 통계가 그것이다.'

가정이 다시 신뢰로써 회복된다면 그보다 좋은 일이 어디 있겠는 가만은….

그로부터 세월이 흐른 어느 날, 갑자기 핸드폰으로 다급한 목소리의 전화가 울렸다.
정확히 1년이 지난 시점에 오 사장 부인은 갑작스레 우리를 다시 무대 위로 컴백시켰다.
기억 속 서랍장에서 오 사장을 끄집어내는 시간은 오래 걸리지 않았다. 나는 부인의 목소리에서 뭔가 다시 악화된 부분이 있음을 감지했다.

"이번에는 정말…. 꼭 좀 잡아주세요…."
"잘못을 뉘우쳐 가정으로 온전히 돌아온 줄 알고 별 탈 없이 지냈는데…."

의뢰인은 집에서 이상한 영수증들이 발견되며, 오 사장이 며칠씩 휴가를 즐기기도 했다고 했다. 결정적인 단서는 해외여행을 가기 위한 예약을 확인했다는 것이었다.

얘기를 듣던 박 실장은 뛸 듯이 기뻐했다.

더불어 해외여행을 간다고 설쳐대며 다른 사람들에겐 젓가락 들고 덤비지 못하게끔 사전에 못을 박아두고 있었다.

행적 조사는 가끔 대상자 일행과 같이 신혼여행 등을 위장해 동반 여행하면서 일거수일투족을 담아오는 경우가 아주 가끔씩 있기도 했었다.

정말 비행기 타고 나가면 국내에서는 밀실에서나 해봄 직한…, 남의 눈을 피해서나 하던 행동들이 너무 자연스럽게 나타난다.

부부가 아니라는 건 누가 봐도 티가 난다.

오죽하면 가이드까지 나서 눈치를 줄까.

예전에 사람 찾는 일로 시드니까지 다녀온 일을 사례 분석으로 얘기해준 적이 있어 이번 기회에 자신도 멋지게 두 마리 토끼를 잡겠다는 박 실장은 각오가 대단해보였다.

보고 있던 신 이사는 자기 부부가 갔으면 하는 눈치였다.

모두는 나름대로 자신을 주인공으로 한 소설을 써보고 있는 듯했다.

리턴 매치는 이렇듯 우리를 들뜨게 하며 시작되고 있었다.

제 4 편

OZ 743편 방콕 신공항(수완나품)으로…

일찍이 아인슈타인은 탐정들을 생각해서인지 불후에 명언을 남겨 놓았다.

"다른 결과를 기대하면서도 같은 방법을 계속 반복적으로 사용하는 사람을 '정신병자'라고 혹독하게 표현했다."

선수는 결과를 가지고 말한다.

쏟아지는 햇빛이 창문을 통해 가슴에서 격렬하게 요동치고 있었다.

우선 현지 동행의 임무 수행 적임자를 떠올려 보았다.

신 이사 내외만은 다소 무리가 있어 보였다.

기회는 자주 오는 게 아니다.

보조작업자도 투입하는 게 완벽해보였다.

박 실장을 추가 투입하기로 마음속으로 결정하며 조용히 밑그림을 완성해나갔다.

일단, 오 사장은 지인의 콘도를 이용하게 될 거라는 의뢰인의 정보를 참고하여 우리도 ○○○콘도를 수배하여 여정을 준비하였다.

차라리 패키지를 이용했으면 우리에겐 너무도 자연스러울 텐데….

오 사장은 내연녀와 함께 완전한 힐링을 꿈꾸는 듯했다.

4박 6일간을 오직 둘만을 위한 시간으로….

준비된 자는 어떤 형태로든 과실을 따 먹을 수 있는 법.

1년 전 승부를 가리지 못한 게임을 이제 마무리하기 위해 신 이사와 박 실장은 각자 여행의 설렘과 낯선 곳에서의 불투명한 여정을 떠올리고 있는 듯해보였다.

다소 이른 시간에 인천공항에 도착한 신 이사 내외는 박 실장과는 별도로 탑승 수속을 마치고 잘 다녀오겠다고 출국인사를 해왔다.

나는 박 실장에게 전화를 걸어 별일 없는지 체크하고 오 사장이 눈에 띄는지도 물었으나, 공항이 너무 복잡하여 상황 파악이 어렵다고 하며 탑승 게이트 쪽에서 확인한 후 연락하겠다고 하며 다소 퉁명스럽게 대답하는 듯했다.

'알아서 잘할 건데 짜증 나게 너무 신경 쓰지 말라'는 뜻으로 해석되었다.

19시 40분 보딩 타임.

박 실장도 신 이사도 오 사장의 얼굴을 보기가 힘들다고 했다.

비즈니스석인가? 하면서….

그 순간 나는 뒤통수를 한방 가격 당한 느낌이 불현듯 엄습해왔다.

설마….

'성동격서'

나는 애써 불안정한 마음을 달래며 서 상무에게 막걸리나 한잔 하자며 사무실을 나섰다.

서 상무가 막걸리를 논스톱으로 한 사발 넘기고 나서 다소 갈증 난 목을 달랜 후 바다낚시 얘길 꺼냈다.

선상낚시의 짜릿함과 즉석에서 이루어지는 소주와 우럭의 조합은 그 어떤 맛에도 비교될 수 없다며 머리 좀 식히고 오자고 했다.

머릿속이 복잡한 나에게 평정심을 잃지 말라는 얘기였지만…, 여느 때와는 달리 스치듯 불안한 이미지의 영상들이 지나가고 있었다.

서 상무는 직원들은 이미 떠났으니 좋은 결과를 기대하고 너무 신경 쓰지 말라는 의미였지만 내 생각은 못내 찜찜하기만 했다.

간단한 술자리가 끝나고 서 상무를 보내고 곧장 사무실로 돌아와 방콕 도착 시간을 체크해보았다.

비행시간은 5시간 30분. 2시간의 시차를 생각하면 한국시간으로 다음날 새벽 1시 40분이 방콕 신공항 수완나품에 도착 예정 시간이었다.

휴대폰 벨소리가 요란하게 울려댔다. 잠시 소파에서 눈을 붙이다 시간을 보니 새벽 3시를 넘어가고 있었다.

신 이사였다.

인천공항에서 마지막으로 탑승하며 기내를 살폈고 수완나품 공항에서는 박 실장이 맨 먼저 선두로 빠져나가 체크했으나 오 사장은 보이지 않았다고 했다.

일단은 숙소로 가서 체크인 사항을 점검해보라고 했다. 새벽 시간은 그렇게 정말 더디게 더디게 가슴을 깎아내며 우리의 애타는 생각과는 상관없이 느긋하게 흐르고 있었다.

아침이 이렇듯 애타게 기다려지는 건 흔한 일은 아니었다.

시간이 흘러 일반인들의 출근 시간이 지나자 의뢰인과 통화를 시도하였다. 분명 틀림없이 확인한 사항(e-ticket)이라고 힘주고 얘기하며 잘 확인해보라고 했다. 오 사장의 행적이 증발하여 묘연했다.

오 사장이 일정을 변경했다기보다는 의뢰인에게 여행정보를 흘리고 출발 전에 취소한 후 다른 곳을 선택했을 수도 있었다.

콘도 회원권만 해도 여러 개를 보유하고 있었으니까….

제5편

완벽한 도주는 없다. 흔적만 찾는다면…

방콕 현지 팀은 ○○○콘도에서도 check-in 흔적이 없다고 했다. 아무래도 이쯤 되면 국내에서의 흔적을 파악해볼 필요성이 대두하고 있었다.

의뢰인과 약속한 논현역 인근의 카페로 발걸음을 옮겼다.

국내에서 마지막 이용했던 콘도는 원주의 ○○콘도라고 했으며 의뢰인은 법인카드 사용 내역을 재차 확인해주면서 한번 다녀왔으면 하는 눈치였다.

자주 애용하는 콘도라고 귀띔해 주었다.

최근에는 오 사장에게 지시를 받았는지 종전같이 법인카드 사용 내역을 회계부서에서 상세하게 알아볼 수가 없다고 했다.

더군다나 회사 내에서 부부간의 불화로 비칠 수 있어 의뢰인 성향상 조심스러울 수밖에 없을 것 같았다.

내키지는 않았지만 의뢰인 의견을 존중할 수밖에 없고, 또한 작금의 상황에서 무슨 얘기를 한들 이미 평정심을 잃어버린 의뢰인을 더욱더 자극하는 행동이 될 것이다.

조용히 이 실장과 함께 원주의 ○○콘도로 방향을 잡고 달리는 차 안에서 나는 오 사장에게 완벽히 허를 찔려 무너진 우리들의 자화상을 보았다. 한편으론 명색이 조사업체 대표라는 나 자신이 한심해 질타하면서도 내심 오기가 발동했다.

콘도는 산자락 아래 건물만 ㄱ자 형식의 1개 동이 자리하고 있으며 주변 인근에는 편의시설도 구경하기 힘든 곳이었다.

그야말로 가족 단위 쉼터 분위기 그대로 연출되고 있었다.

주차장을 확인했지만 오 사장의 포르셰는 보이지 않아 일단 주차장 입구에서 잠복하기로 하고 최적의 시야 확보가 가능한 지점을 선택한 후 내부 및 주변의 지형 정찰을 마쳤다.

의뢰인에게 당부한 내용을 과연 잘 수행해주는지 궁금하던 차에 저녁 9시가 경과할 무렵 의뢰인으로부터 연락이 당도했다.

사실 점심 무렵 카페에서 의뢰인에게 '반드시 어딘가에 그 흔적이 남아 있을 거라'며 서재의 바뀐 부분과 휴지통, 집안의 쓰레기 봉투 등을 중점적으로 파악하고 오 사장이 서재에서 사용하는 PC에서도 뭔가 흔적이 발견될 수 있으니 히스토리 뷰 등을 설치하여 최근의 행적을 찾아봐 달라고 신신당부를 했었다.

의외의 결과가 수확된 듯한 느낌이 의뢰인의 목소리 톤으로 다가

왔다.

쓰레기 봉투에 뭔지는 모르겠지만 찢어진 영수증들이 있고 PC 사용흔적을 보니 전원주택 등을 검색한 듯하다고 했다. 쓰레기 봉투 내용물을 더 이상 손대지 말고 보관해달라고 요청하고 즉시 원주에서 철수했다. 의뢰인에게서 건네받은 증거가 될만한 쓰레기들을 사무실 바닥에 내려놓고 그 내용물을 펼치면서 조심스레 체크하고 조합하기를 반복하다가 간이 영수증 하나가 눈에 들어와 꽂혔다. 조합해본 결과, 안방 침대 옆이나 베란다에 사용하는 간이탁자 세트였다.

거기에 의문의 배송지 주소가 기록되어 있는 걸로 봐서는 어떤 형태로든 오 사장과 관련이 있는 듯했다.

제6편

뉴페이스와 인생 2막을 설계하다…

고양시의 외곽순환로 ○○ IC 인근에는 오십여 가구가 자리 잡고 있는 주택단지가 있었다. 의문의 배송지 주변이었다.

주소를 가지고 부동산등기부를 통해 확인해보니 최근에 증여되어 있고 소유주는 살고 있지 않은 것처럼 보였다. 이 실장을 대동하고 배송지 주소로 향했다.

한적한 시골 동네로 들어서니 깔끔한 단독주택들이 좌우로 배열되어 있었고 문제의 배송지 주소 주변은 공사 중으로 어수선했으나 막다른 길이라 동네 초입에서 기다리기로 했다. 한편 나는 낡은 구멍가게를 위주로 탐문에 나서자마자 수확이 꼬리를 물고 나왔는데, 거기서 얻어낸 결과는 가장 최근 즉, 오 사장 출국일 즈음에 동네에 새롭게 이사 온 집이 하나 있었다고 했다.

문제의 배송지 주소와 일치했다.

혹시 어느 곳에서 이사 온 사람인지 들은 적이 없느냐고 하자 구멍가게 주인은 듣기엔 집주인과 잘 아는 사람이 이사를 왔다고 친절하게 안내해주었다.

서서히 문제의 주소지가 클로즈업되고 있었다.

신 이사 일행이 방콕에서 본의 아니게 다소 껄끄러운 휴가를 마치고 귀국했고 연이은 잠복에도 별다른 성과 없이 한 주가 흘러가고 있었다.

토요일 아침, 신 이사로부터 연락이 왔다. 미안했던지 먼저 고양시로 넘어간다며 현장에서 보자고 했다. 나는 박 실장과 함께 현장으로 출발하기 전 김밥과 음료수 등의 간식을 준비하며 탐문 결과를 토대로 현장을 재구성해보았다.

박 실장이 운전석에 먼저 자리 잡고 있었다.

방콕을 다녀온 박 실장은 신 이사와는 달리 의외로 생기가 넘쳤다.

내비게이션에 주소를 확인하자 차량은 서서히 특유의 배기음을 토해내며 서부간선로로 진입했다.

차창 너머로 병풍처럼 펼쳐지는 그 이면에 감춰진 세상을 떠올리며 그림자 인생과 같은 삶을 살아온 나 자신의 모습이 오버랩 되고 있었다.

신 이사와 현장에서 얻어진 정보를 토대로 분산하여 잠복에 들어갔다.

오후 3시 40분.

마을 초입으로 들어서고 있는 포르셰가 멀리 눈에 들어왔다.

한눈에 보아도 오 사장 차량이 틀림없었다.

짧은 탄식이 끝나기도 전에 눈앞에서 꺾어지며 막다른 길로 들어서 문제의 주소지로 포르셰는 향하고 있었다.

문제의 주택 정문 옆 담벼락에 주차하였으나 차량 도어는 열리지 않았다.

5분 정도 시간이 지나 조수석에서 40대 후반으로 보이는 빼어난 몸매의 여성이 내려 운전석 쪽으로 이동하자 운전석 문도 열리며 꿈에도 그리던 오 사장이 나오면서 함께 탔던 여인과 함께 얘기를 나누며 쇼핑한 물건들을 차량에서 끄집어내고 있었다.

두 사람은 문제의 주소지 대문을 통과하여 거실로 보이는 곳에 물건들을 내려놓고 이내 시야에서 모습이 사라지고 없었다.

상당한 거리감으로 확인이 어려웠으나 그렇다고 좀 더 접근하여 상황 파악하기에는 주변이 신축공사 현장이라 쉽게 노출될 것으로 보여 공사현장이 정리되고 어두워질 때까지 각자의 위치에서 기다리며 뉴페이스의 등장과 단독주택이 가져다주는 의미를 서로 연장선에서 풀어보았다.

오 사장은 젊은 여성과도 관계를 유지하지만, 이 사십 대 후반의 뉴페이스 여성과는 아예 새롭게 인생 2막의 살림을 차린 것으로 추정되었다. 무엇이 오 사장을 이토록 가정에서 철저히 분리되게 했을까?

이중적인 행태를 보이는 오 사장이라는 사람의 실체가 이제 서서히 어둠 속에서 모습을 드러내고 있었다.

땅거미가 드리우자 드물게 가로등이 켜지며 한적한 시골 동네 모습으로 다가왔다.

신 이사와 박 실장은 장비를 챙겨, 즉시 공사 중인 건물로 진입하여 전망 좋은 곳에 자리를 잡고 내부를 관찰하기 시작했다.

창문 너머로 불빛과 함께 내부 속살들이 훤히 드러나고 있었다.

커튼도 아직 완벽하게 갖춰지지 않아 시야 확보도 무난한 관계로 두 사람의 동태를 파악하는 것은 그리 어렵지 않았다.

오 사장이 시야에서 사라지자 여자는 밖으로 나와 정원을 가로질러 담장의 나무 그늘 아래서 누군가와 열심히 통화하는 모습이 들어왔다.

한참 후 통화가 끝나고 거실로 들어서자 전라의 모습인 오 사장이 거실을 가로질러 안방으로 들어갔다.

아무래도 오늘 밤은 사랑의 열기가 유난히도 뜨거워 잠복 중인 우리에게까지 다가올 것 같았다.

현장을 접어야 할 시간이 도래한 것 같았다.

즉시 의뢰인을 호출하여 상황설명과 함께 현장을 인계하며 오 사장과 관련된 그간의 기억들을 모두 지웠다.

의뢰인은 계속같이 있어달라 했지만 나아갈 때와 물러설 때를 정확히 알아야 잡음을 최소화할 수 있기 때문에 서둘러 신 이사와 박 실장에게 철수 사인을 보냈다.

의뢰인은 오 사장이 나올 때까지 대문 앞에서 자신들의 차량에서 집안 어른들과 대기하겠다고 했다.

현장을 빠져나오자 늦은 밤 외곽순환로의 속도감이 무섭게 다가왔다. 사무실 인근에서 우리는 맛이 일품인 산토리 몰트를 주문하고 서로의 얼굴을 쳐다보며 맛있는 담배 연기를 그간의 헛수고와 함께 허공 속으로 날려 보냈다. 해외원정까지 이어졌던 그들만의 이야기를 떠올리며 과연 종착역에서 의뢰인은 어떤 선택을 할 수 있을까 하며 상상의 나라로 뛰어들었다.

제 4 화

어느 현모양처의 의부증 누명 벗기기

제1편

고수와 마주하다

사랑도 사람의 일이라

만날 때 떠날 것을 염려하지 않는 것은 아니지만

......

전화벨이 울렸다.

수화기 너머로 가녀린 목소리가 또박또박 마치 심문하듯 물어오기 시작했다.

자동차로 서울에서 5시간 남짓한 거리에 거주하는 의뢰인이었다.

남편에게 정신병자 취급을 받으면서 살고 있는데, 이혼까지도 필요 없으니 집안에서 억울한 누명만은 벗었으면 좋겠다는 취지였다.

남편은 중소기업체의 대표였다. 사업체가 충남의 ○○지역 산업단지에 있어 오래전부터 주말 부부로 살았으나, 지금은 집안에 행사가 있어야 다녀갈 정도로 부부관계가 악화됐다고 했다.

의뢰인은 외국에서 공부하고 있는 자녀들을 생각해서라도 반드시 내연녀를 찾아 정리하고 싶어 했다. 의뢰인도 본 사건에 대한 조사를 은밀하게 추적한 것이 분위기에 묻어나왔다. 이미 지역에서 조사했던 것으로 추정되었다.

결과가 어찌 됐든 지역 사회에서는 극도로 노출을 피하고 싶어하는 눈치였다.

이미 손을 타서인지 그래도 어느 정도는 기본 파악이 되었으며 실패한 경험을 말하면서 남편의 신출귀몰하는 솜씨가 타의 추종을 불허할 정도로 용의주도하다고 했다.

나는 망설이다 의뢰인이 거주하는 ○○지역으로 기차에 몸을 실었다. 의뢰인과 사람의 눈이 잘 띄지 않는 사찰에서 만나 시내로의 이동은 의뢰인의 고급 차량 편으로 하여 단골음식점인 듯한 곳의 내실로 안내되었다.

상황은 생각보다 몹시 더 나쁜 듯 의뢰인은 매우 수척해 보였으나 애써 미소를 머금으며 서두를 끄집어냈다. 그러나 어지러워 보이는 마음은 감추려 해도 유리알처럼 투명하게 비쳤다.

요점은 의뢰인이 누명을 벗는 일이었다. 의뢰인 명의로 된 빌딩도 가지고 있어 지역 사회에서 생활은 별다른 어려움이 없다고 했으나, 남편과의 불화로 현재 이혼 얘기가 오고 가는 실정이었다. 게다가 시댁에서 적극적으로 나서 의뢰인을 옹호하면서부터 상황이 오히려 더 불편해지고 있다고 했다.

결국은 팔은 안으로 굽는다는 말을 피할 수는 없을 것이라고 참고만 하시기 바란다며, 나는 누구나가 다 알고 있는 만고의 평범한 진리를 조언해주었다.

너무 시댁 식구들을 믿고 필요 이상의 정보를 넘겨 주어선 안 될 것이라는 말이었다.

일사천리로 미팅을 마무리하고 행적 조사를 진행하기로 결정하고 의뢰인에게 받은 자료를 살펴보기 시작했다.

돌아오는 기차 내에서는 곰곰이 사건의 개요를 살펴보면서 심도 있게 분석해보았다. 내연녀가 있다면 의뢰인의 누명을 벗기는 건 어려운 문제가 아닐 테고….

그렇지만 과연 예전의 가정으로 회귀가 가능할 수 있을까? 하는 의구심 속에서 그만 엄습해오는 피곤함에 잠시 사건도 뒤로 한 채 달콤한 꿈속을 넘나들고 있었다.

한참이 지났을까? 어두워진 차창 밖을 바라보고 있자니 어느새 기차는 영등포역 진입안내 방송 멘트가 스피커에서 흘러나오고 있었다.

다음날, 간략한 미팅으로 사건 개요에 따른 진행 방향을 협의하면서 가급적 합리적인 접근을 주문했다.

주어진 시간은 7일.

일주일이지만 평일에는 남편이 회사에 근무 중이라 추정되는 내연녀가 있는 타지까지 이동하기는 어려울 것으로 생각하고 금, 토, 일 주말만 2주에 걸쳐 추적하기로 하고 충청도로 핸들을 돌렸다.

차량 1대에 인원은 3명을 배정하고 현지에서 필요할 시 택시를 이용키로 했다.

장비 점검을 마치고 복잡한 서울 시내 도로를 벗어나니 고속도로가 시야에 들어오면서 차량의 속도계는 어느새 120km까지 올라가고 있었다.

복잡한 머릿속을 가다듬으며 사진 속의 인물을 흘러가는 음악 속에서 마음으로 연상해보기 시작했다.

16시경 충남 ○○지역의 산업단지에 자리하고 있는 회사를 찾아 탐지했으나, 대상자의 차량은 보이질 않았다. 동선파악을 위해 즉시 의뢰인에게 건네받은 직원들의 숙소가 있는 주소로 이동했다.

4층의 원룸 건물이었다. 회사에서 전체를 세를 얻어 사용하고 있는 곳이었다.

그리고는 주변의 자주 다니는 곳의 리스트를 가지고 확인작업에 들어가길 40여 분 남짓, 자주 이용한다는 골프연습장 주변에서 이내 차량이 발견되었다.

확인 후 우린 시야가 확보되어 있는 음식점에서 두 테이블로 나눠 식당의 문앞과 안쪽으로 대상자의 차량을 주시하면서 이른 저녁을 하는 중이었다.

박 실장이 갑작스레 사인을 보내왔다.

시선을 음식점 출입문 쪽으로 옮기자 대상자가 일행과 함께 우리가 있는 식당으로 들어서고 있는 게 아닌가….

첫날은 원치 않게 가볍게 만났으나, 외지인에 대한 경계의 눈초리가 심상치 않아 보였다. 아~, 그 짧은 시간에 마주치며 우리 쪽 테이블을 보던 그 눈빛….

우리가 식사를 서둘러 마치고 식당을 나오자 해안가에 위치한 지역인지라 바닷바람이 매서웠다.

이번에는 식당에서 50여 미터 떨어진 곳에서 음식점을 주시하면서 잠복에 들어갔다.

어둠이 내리자 대상자와 일행이 나와 골프연습장 인근에 주차된 차량을 타고 서서히 이동하기 시작했다.

처음엔 일행과 다른 곳으로 이동하는 것으로 추정했으나 오산이었다.

제네시스에서 함께 탔던 일행이 내리자마자 쏜살같이 고속으로 속도를 올리면서 해안도로를 타고 어둠 속을 질주하기 시작했다.

따돌리기 고수 중의 고수라 들었던 터인지라 순간 긴장했다.

대상자는 10km 정도를 이동하여 800세대 정도의 A 아파트단지로 진입했다. 차량은 103동과 104동 사이에 주차되어 있었다. 그 즉시 우리는 나뉘어서 동과 동 사이에서 새롭게 불이 켜지는 곳을 각각 주시하고 있었다.

그러나 쉽게 드러나지는 않았다. 그리고 전체를 살피기에는 다소 무리가 있었다.

혹시나 하는 마음으로 자정까지 현장에서 대기한 후 일단은 철수했다. 내일 아침 일찍 아파트 인근에서 잠복하기로 하고 우린 숙소로 정한 인근 찜질방에서 긴장으로 지친 몸을 캔맥주 한잔으로 달래면서, 간략한 의견을 서로 개진했다. 도중에 의뢰인이 말한 숙소가 달라진 데에 대해 의문점이 생기기 시작했다.

"A 아파트 103동과 104동은 기본이 전부 32평인데…."

"그것도 혼자서…."

"누군가 동거인이 기거하고 있는 것은 아닐까?"

제2편

숨겨진 여인을 찾아서…

복잡한 머리를 한증막에서 차분히 정리하며 추적대상자의 마음을 살펴보기 시작했다.

그렇다면 A 아파트에서 주말마다 김해에 있는 내연녀에게 간다고 보아야 하는데 체력적으로 장거리 운전에 무리가 있어 보여…, 하는 순간 혜성처럼 머릿속을 스치며 지나가고 있는 게 하나 있었다.

그렇다.

아파트는 내연녀가 수시로 와서 같이 기거하는, 말하자면 그들에게는 공식적인 부부 직함을 내밀 수 있는 완벽한 울타리였다.

낯선 이곳에선 적어도 아무도 모르는, 그러나…

세상에 비밀이란 과연 영속적으로 존재가 가능할까?

흥미를 느끼고 추론하는 순간 박 실장이 시계를 가리키며 재촉하는 듯했다.

변수가 새롭게 등장하는 바람에 쉬 잠을 이룰 수가 없었다.

추적 2일 차.

06시 30분.

찜질방에서 서둘러 나와 편의점에서 간단한 요깃거리를 준비하고 A 아파트단지로 향했다.

도착 즉시 분담된 각자의 역할을 자연스레 받아들이며 우린 대기 상태에서 좌우를 강렬한 눈빛을 발산하며 주시하고 있었다.

08:00경.

대상자인 정 사장으로 추정되는 남성이 예상하고 있던 104동에서 나와 속보로 차량으로 근접하고 있어 촉각을 곤두세우며 차량 탑승 여부를 체크하고 있었다.

정 사장과 비슷해 보이는 오십 대 초반의 검정 재킷의 차림새였다.

이윽고 검정 제네시스 차량에 승차하고 있는 모습이 카메라 앵글에 들어왔다.

가벼운 엔진 소리와 함께 차량은 이내 주차장을 한 바퀴 돌아 내가 있는 103동 출입구 앞을 스치며 경쾌한 소음을 뿜어내며 사뿐히 지나쳤다.

반대쪽으로 전력 질주하여 아파트 입구에서 차량의 방향을 확인하고 있었던 박 실장의 목소리가 다급하게 들렸다.

"빨리요~!"

추격전은 급히 막을 올리며 시작되고 있었다.

대기 중일 때 이미 김해의 내연녀 주소를 목적지 설정에 입력하여 이동 동선은 파악하고 있었던 터….

검은색의 제네시스는 A 아파트 입구를 빠져나가자 해안도로에 들어서며 한적한 토요일 아침의 갯내음이 물씬 풍기는 바닷바람을 가로지르며 쾌속으로 질주하고 있었다.

나는 긴장 속에서도 고수인 정 사장과의 50여 미터 정도 거리를 두고 뒤따르기 시작했다. 국도를 따라 드디어 고속도로를 들어서며 하이패스 라인을 통해 쏜살같이 빠져나가고 있었다.

상대방이 워낙 고수의 자질을 가지고 있어 우리는 길을 열어주고 느긋하게 뒤를 따라다니며 예상되는 변수를 계산에 넣어보고 있었다.

체력이 좋은 건지, 젊고 빼어난 미모를 갖춘 내연녀가 그리워서 그런지….

제네시스는 휴게소도 외면하고 논스톱으로 질주하여 11시 반쯤 김해 톨게이트를 미끄러지듯 빠졌으나, 우리가 예상하고 있는 목적지가 아닌 다른 노선을 택했다. 순간 내연녀 집 쪽으로 이 실장을 먼저 보낼까 했으나 어느 곳이든지 우선은 이 실장이 택시로 갈아타고 붙는 게 좋을 듯해서 대기 중인 택시 앞에 세워주며 두 대가 번갈아가며 대상자의 차량을 따라붙었다. 20여 분 후 정 사장이 도착한 곳은 P 종합병원이었다.

차량을 주차하고 정 사장은 주변을 살피며 곧장 병원 내부의 엘리베이터를 타고 올라갔다. 처음 온 것 같지는 않았고 익숙한 동선을 대하듯 자연스러웠다.

7층에서 내린 것을 박 실장이 확인하는 동안 안내데스크에서는 이 실장이 이것저것을 물어보고 있었다.

나는 박 실장과 바꾸며 즉시 7층에 입원 환자들을 살펴보던 중, 714호에서 내연녀의 이름이 확인되고 내부를 쳐다보는 순간 맞은편 창가의 거울에서 내연녀 침대 옆에 앉아 창문에 반사되는 문 앞쪽 상황을 꿰뚫어보고 있는 정 사장의 얼굴과 마주쳤다.

정 사장은 역시 고수 중의 고수였다. 누구한테도 흔적을 내어줄 그런 만만한 인물이 아니라는 것이 유리창에 비친 얼굴에 새겨져 있었다.

박 실장과 이 실장, 그리고 나는 현재의 위치를 재차 바꾸며 셋업하기 시작했다.

증거 수집을 위한 영상 작업에 돌입하며 병실과 휴게실에서 대기하며 연출이 이루어지길 간절히 고대하며 우린 원치 않는 시간과 지속적인 사투를 벌여야만 했었다.

이 실장은 이미 식당, 커피숍 등의 휴게실 파악을 끝내고 몰래카메라를 설치했다는 사인을 보내왔고 박 실장은 만약을 대비해 자신의 몸에 완벽하게 장비를 세팅하고 각자의 장소에서 대기하고 있었다.

20여 분이 지나고 이 실장의 음성이 들렸다. 휴게실에서 그들이 애살스럽게 둘만의 밀어를 나누고 있다는 연락이었다. 박 실장은 엘리베이터 주변에서 대기 중이라 했다.

기나긴 이동 시간과 긴장 속에 있던 우리는 비교적 짧은 시간임에도 불구하고 사진 촬영은 의뢰인이 원하는 수준으로 거의 다 이뤄냈다.

다행히도 두 사람이 끌어안고 밀착하며 행복한 미소를 머금고 나누는 대화와 영상이 있어 입증하기에는 순탄할 것으로 판단했다.

두 시간을 병원에서 머물다 제네시스는 병원 주차장을 미끄러지듯 빠져나가며 사주경계를 하는 듯한 운전을 하며 이동했다. 그런데 도중 갑작스레 돌발상황이 발생했다.

정 사장은 주유소로 진입하여 카센터 쪽에 정차하고는 차량을 리프트로 3차례 이상을 올려가며 차량의 하부를 면밀하게 살펴보고 있었다. 아마도 위치추적장치를 찾는 듯했다.

흠…, 이렇게 용의주도할 수가….

제3편

숨바꼭질: 쫓는 자와 쫓기는 자

아마도 대상자인 정 사장 생각에 조금 이상한 낌새나 앞으로의 행선지에 노출을 우려하는 것이 아닐까 하는 생각이 스치듯 지났다. 물론 이전에 했었던 뒷조사가 문제로 남아 정 사장은 늘 이런 행태를 보이는 듯했다.

한 시간 이상을 차량 검사에 시간을 보내도 이렇다 할 단서를 찾지 못하자 주유소 내 카센터를 빠져나와 이내 도심을 가로질러 L 백화점으로 들어갔다.

쇼핑시간은 대략 1시간 정도….

다시 이동하여 천 세대 이상의 K 아파트단지로 들어가는 게 아닌가?

뜻하지 않은 상황에 적잖은 궁금증이 머리를 짓누르며 후벼 파는 듯했다.

일단 지금까지의 생각은 모두 접어야 했다.

확인된 바로 내연녀는 30대 중반의 어린 딸이 있는 이혼녀로서

학교 선생이 직업이었다.

인물이나 체형으로 보아서는 흠잡을 데가 없는 미인이었다.

원래 살고 있던 곳은 S 아파트였는데 도대체 K 아파트에는 무슨 일로 정 사장이 들어가는 것일까?

의외의 수확이 뒤따랐다. 지하 주차장 전체를 살펴보던 중 내연녀의 차량을 어렵게 발견할 수 있었다.

SM7이었다. 핸드폰 번호가 일치했으며 차량 전면 유리창에 붙어 있는 스티커에는 분명 S 아파트 마크 동호수가 붙어있었다. 차량의 먼지 상태로 보아 적어도 2주 이상은 이곳에 주차된 듯 보였다. 두 아파트와는 분명 상관관계가 있는 듯했다.

머리에서 미로 찾기가 한창일 때 여자아이의 손을 잡고 아파트 현관을 나서는 정 사장이 시야에 들어왔다.

차량에 탑승하자마자 아파트단지를 빠져 오던 길을 되돌리는 듯했다.

잠시 후 병원 주차장으로 진입하는 것을 확인하고는 일단 주변에서 대기하기로 했다.

정 사장은 어린 여자아이와 손을 잡고 병실로 향하고 있었다. 현재까지의 정황으로 보아 내연녀의 집안과도 상당히 깊은 관계로 발전해 있는 듯 보였다.

세 식구(?)가 오붓하게 산책도 하고 식사도 하면서 정말 가짜이지만, 진짜 가족 냄새를 풍기며 행복한 미소로 병원도 덩달아 행복지수가 높아지는 듯해 보였다.

저녁 시간이 되자 대상자는 여자아이와 함께 다시 차량에 타고 병원을 빠져나가기 시작했다.

잠시 후, 좌회전 차선으로 진입한 제네시스는 깜빡이를 켜며 신호 대기 중이었다.

좌회전신호가 떨어지자 정 사장의 제네시스 차량이 움직이기 시작하면서 완만한 곡선을 그리며 좌회전을 하자마자 차량에 비상깜빡이를 켜며 우측 인도 측에 차량을 세우는 게 아닌가?

이렇게 치밀할 수가 있을까?

우린 자연스레 스치면서 먼저 K 아파트와 S 아파트로 두 팀으로 나누었다.

제네시스는 계속 K 아파트에만 머물렀다.

S 아파트를 탐문한 결과 다른 사람들이 살고 있으며 최근에 이사 온 것으로 확인되었다.

결국, 확인한 것은 K 아파트로 보금자리를 정 사장이 옮겨준 것으로 추정할 수밖에 없었다. 가진 것은 돈뿐인데 뭐가 아까우랴…. 윤전기 좀 더 빠르게 돌려 찍어대면 될 터인데….

우리는 최종 확인되는 상황을 토대로 정리작업이 필요했다. 이제 부터는 대상자보다는 내연녀에게 집중하여 후반부작업을 마무리하는 게 좋을 듯했다.

그리하여 현장에서 잠복을 계속하면서 몇 호에 사는지를 알아볼 필요가 있다는 결론에 도달했다. 부동산등기부를 열람해 대략적으로 용의점이 있어 보이는 호수만 나열해 놓았다.

아파트는 신축된 지 얼마 되지 않아 출입시설 등에 보안설비가 잘되어 있어 지하와 지상에서 체크하기가 결코 쉽지 않았다.

추적 3일 차.

정 사장은 K 아파트에서 나와 내연녀가 있는 병원으로 향했다.

일요일이라 상행선 고속도로 정체가 우려되었는지 점심을 먹고 나자 못내 아쉬운 작별 키스를 조용히 볼에다 맞추고는 병원 주차장을 나와 고속도로 진입방향으로 차를 몰았다.

다시 만날 날이 없었으면 하는 간절한 마음으로 난 정 사장의 제네시스를 조용히 먼 발치에서 떠나 보냈다.

추적 4일 차.

월요일 이른 시간에 찜질방을 나와 장비를 충전하며 해장국으로 간단히 아침을 해결하고 K 아파트에서 대기하고 있었다.

이윽고, 오전 9시가 지나자 출입문을 나서는 아이는 유치원 버스를 타고 인근의 사설 고급유치원으로 향했다.

우리는 돌아오는 시간을 기다리며 잠시 번갈아가며 눈을 붙였다. 연일 지방의 찜질방 낯선 곳에서의 생활은 수면에 다소 문제가 있었다.

그래서 언제 어떤 상황에 맞닥뜨리게 될지 몰라 시간이 나면 가급적 휴식을 취해야 했다. 작전 차량의 내부에는 웬만한 모든 것을 할 수 있게끔 개조되어 있어 여러 가지를 즐기며 할 수가 있어 그나마 다행이었다.

오후 2시쯤 유치원 차량이 돌아오자 우리는 자연스럽게 뒤를 따르며 출입문이 열리기를 기다려 아이와 같이 엘리베이터를 타고 오르며 호수를 정확히 확인하고서는 현장을 정리한 후 서둘러 부산으로 향했다. 자갈치시장이 우리를 기다리고 있었다.

제4편

진실 게임을 아시는가?

복잡한 도심을 지나 드디어 Fish Market 자갈치로 진입하여 해안가에 새롭게 들어선 건물의 지하에 주차하고 올라왔다.

먹고 싶은 것도 많지만 우선 제때에 끼니를 때우지 못한 터라 먹거리만 보면 입안에 침샘이 돋았다.

우선 전통 있는 생선구이 집에서 서대와 갈치를 사서 구이를 부탁하고 옆 가게 좌판에 있는 참소라를 먹을 만큼 주문했다.

아주 싱싱해 보였다.

예전에 부산에서 업무를 마치면 그때그때 기분과 시간에 따라 자갈치시장이나 태종대에 나가 참소라에 혼자서 소주잔 기울이던 생각이 아스라이 떠올랐다.

여러 가지 추억이 많이 담긴 곳이 이곳 부산이었다.

부산은 여느 해안도시와는 확연히 다른 느낌이 오는 곳이다.

항상 오사카나 고베가 스치듯 오버랩 되는 곳, 항도 부산이 나에게는 특히나 그렇게 다가온다.

　해운대의 달맞이길 입구의 카페 파스쿠찌에서 그윽한 커피 향과 아침을 품어내는 기분은 있을 때나 없을 때나 나 자신을 풍요로움의 바다에 빠져들게 하여, 나도 상위 1%의 계층의 느낌을 겁 없이 느낄 수 있는 곳이었다.

　상념 속의 시간을 잠시 밀쳐내고 우리는 모처럼 깔끔하게 차려진 만찬을 기꺼이 즐기며 오늘 오후까지 미로 찾기에서 가까스로 탈출한 마음을 쓰다듬으며 가벼운 술잔을 기울이고 있었다.

　생각해보면 정 사장이나 내연녀, 의뢰인 모두는 어찌 보면 대단한 고수들이었다.

　다수의 고수는 일반사람들과 섞여 있어 구분이 쉽지 않다.

　그러나 내공에서 풍기는 아우라는 얼굴과 분위기만 접해도 느낄 수가 있다.

　지극히 평상심을 잃지 않고 현재처럼 아무렇지 않게 남들과 더불어 사는 사람 중 유독 아우라가 빛을 발하는 사람이 간혹 보이기는 한다.

　현장에 나서면 어떤 이는 실체가 있으나 없는 듯 확인이 불가능한 사람이 있다. 주소지엔 주민등록상 주소지가 있어도 그와 별도로 실거주지가 엄연하게 존재하고 있는 게 우리가 사는 현실 세계이다.

자의든 타의든 우리는 은폐, 엄폐 속에서 살아가게끔 되어 있나 보다.

우리가 실력이 좋았다고 얘기하기보다는 정말 운이 아니 끗발이 정 사장보다 조금 나았을 뿐이었다.

이를테면 화투놀이의 섯다 판에서 한두 끗 차이로 명암이 갈리는 그런 운 좋은 끗발이라고나 할까….

사실 이 바닥은 촉이 빨라야 한다.

판단력이나 관찰력도 남달라야 하고 더불어 민첩성은 필수요소이며, 나아가 끈기와 집념을 추가해야만 해결 키워드에 한 발짝 더 접근할 수 있다고 할 수 있을 것이다.

그리고 가급적 가정이 해체 되는 일은 없어야 할 것이지만, 평균수명이 엿가락처럼 갑자기 늘어나기 시작하면서 우리 사회는 여러 가지 생각하지 못했던 변화의 소용돌이에 휩싸이게 되었다. 이런 상황도 그 후유증의 연장선에서 생각해본다.

광안대교가 한눈에 보이는 광안리 해변의 호텔에서 자료 정리를 했다. 승자도 패자도 없는 이런 유형의 진실 찾기는 자칫 서로 간의 골만 깊어져 자신의 의지와 상관없이 루비콘 강을 건너 두 번다시는 돌아오지 못하는 최악의 상황으로 마무리될 수도 있었다. 그러므로 순간적인 기분이나 감정으로 그르치는 일은 결코 없어야 했다.

큰일이든 작은 일이든 사람이란 매사에 최선을 다해야만 그나마 어느 정도는 원하는 결과에 근접한 결과물을 얻을 수 있지만, 요즘의 고객들은 돈부터 셈을 한다.

좋은 고객은 비용보다는 결과물을 원한다.

그래서 나는 가끔은 해결사의 날을 세운 리턴 매치도 한다.

선수는 결과가 말해주기 때문이다.

누군가에 의해 실패를 했든 안 했든 간에 말이다.

하지만 나는 전체의 진행 과정도 매우 소중하게 여기는 완벽주의자 습성을 답습해서인지 늘 직원들이 피곤해한다.

제 5 화

지명수배자를 찾아서…

사기 사건의 전모와 수배자 따라잡기…

2011년 4월 12일 악랄한 사기 사건을 접하고 간곡히 꼭 좀 잡아 달라며 피를 토하고 하소연하는 의뢰인이 있었다.

이 사기 사건으로 한 가족의 가정이 해체되기 일보 직전까지 갔었다고 했다.

사건의 개요는 대략 이러했다.

공연기획사 및 영화, 드라마 제작사의 대표인 Y 사장이 의뢰인의 부인과 지인의 소개로 알게 되었다고 한다.

자연스레 만남이 잦아지다 보니 의뢰인과도 친분을 쌓게 되었다고 한다.

그리고는 1년 전에 미국에서 유명 아티스트를 초청하여 국내에서 공연하게 되는 일정을 잡게 되면서, 이 분야에 종사하던 의뢰인의 부인은 별다른 의심 없이 3억 원 정도의 돈을 Y 사장에게 건네며 꿈에 부풀었다고 한다.

그러나 돈이 건너간 이후로 Y 사장은 공연일정을 차일피일 미루기 시작하며 6개월의 시간을 허비했고 의뢰인이 본격적으로 Y 사장의 뒤를 쫓기 시작했다.

그러나 좀처럼 실체가 드러나지 않자 결국 사기 횡령 강제집행면탈 등으로 검찰에서 지명수배(구속영장)가 내려진 것이었다.

사실 검찰에서 수사가 진행되면서 합의 쪽으로 가닥이 잡혔으나, Y 사장은 합의를 진행하는 척하며 도주해버린 케이스였다.

Y 사장은 살던 집도 최대한 대출을 거친 다음 부모의 지인에게 소유권이전등기도 해버렸고, 이미 가족을 이끌고 야반도주한 상태였다.

의뢰인은 그간 본인이 직접 사건을 해결하기 위해 부단히도 많이 노력했단다.

사건을 의뢰하기 위해 가지고 온 자료만 해도 A4지 10여 매 정도의 분량이었다.

Y 사장의 집안 내력과 부인과 자식들, 그리고 사기를 위해 주변의 바람잡이 역할을 하는 조력자들….

그리고 Y 사장의 강남 신사동과 논현동을 거점으로 한 최근의 활동(?)과 근황이 상세하게 조사되어 있었다.

참고로 Y 사장은 여러 법인체의 등기이사로 관여하며 이 분야에 새롭게 진출하려 하는 사람들을 상대로 하여 피해자들을 계속 양산하고 있었다. 빨리 해결하지 않으면 또 다른 피해자가 나타날 것

은 자명한 일이었다. 외제 차에 그럴싸한 병풍을 치고 다니니 외관
상으로는 거의 완벽해 보일 수밖에….

Y 사장의 그런 수법에 안 넘어간다면 오히려 이상하게 비칠 정도
였다. 의뢰인이 건네준 수사 기록 중 통장 거래내용을 보았더니 가
관이었다.

세상에….

남의 돈으로 이렇게 호화판 생활을 하며 지낼 수가 있는 건지….

사건기록을 보면서 대상자인 Y 사장을 떠올려 보았다.

부족한 부분을 대략 한 주일 정도를 추가 조사하여 대략적인 수
배자의 현재 상황과 활동반경, 부모·형제 동향, 직계가족동향 등
건네받은 자료를 토대로 두 팀으로 나누어 구성한 후에 잠복을 시
도해보기로 했다.

그러나 이미 행적을 감춘 터라 어디에도 흔적이 남아있지는 않았다.

동종업계에 자주 모습을 드러낸다는 첩보도 있어 그간에 몸담고
있었다던 회사들도 탐문조사를 하였으나 여전히 사건은 오리무중
으로 2개월이 지나고 있었다.

사건 해결에 실마리도 풀어보지 못한 채 나는 항상 Y 사장의 그
림자만 밟고 다니며 오기로 하루하루를 버티고 있었다.

매일 아침 새벽 4시면 어김없이 차를 끌고 수도권의 부모가 사는
집으로 방향을 잡고 대략 점심때까지 주변을 살피고 돌아오면서도
지나가는 외제 차 중 Y 사장이 타고 다니는 것과 비슷한 유형의 차
량만 보이면 쌍심지를 켜고 주시해보기도 했지만, 모두가 허사였다.

강남과 관련 있어 보이는 기획사 근처의 인근 주차장도 샅샅이 뒤져보며 차량 앞에 놓인 전화번호도 점검해보았지만, 의뢰인이 제공한 가족들의 추정전화번호와 비슷한 유형도 눈에 띄질 않자 나는 한심한 자신을 되돌아보며 어느새 스스로가 무능한 탐정으로 변모해버린 자화상을 볼 수밖에 없었다.

사건이 미궁 속에서 3개월째 접어들자 무더위가 또 다른 적으로 성큼 다가와 있었다. 나는 나름 사건 기록을 재점검하며 Y 사장의 입장에서 생각해보았다.

미팅 시에는 매사 은밀하고 신속하게 사무실보다는 인근 호텔의 커피숍이나 유동인구가 많은 곳을 선호할 수밖에 없을 것이며 주거지도 조력자들을 이용한 안전가옥을 선호할 것이라는 결론에 다다르자 장기전을 염두에 두고 꾸준한 정보 수집으로 선택과 집중을 통하여 사건의 해결을 모색해보기로 결론 내리면서 처리 안 된 사건 파일에 기록해 놓고 틈만 나면 사진을 보면서 전의를 불태우곤 했다.

게이트의 『깨달음의 연금술』중에는 "절실히 원하는 것은 이루어지게 되어있다. 내 마음속에 영순위는 반드시 이루어진다. 아직도 못 이룬 것은 영순위가 안되었기 때문이다."라는 글의 의미를 조석으로 되새기며 전의를 불태웠지만 아름아름 시간은 세월 속에 묻혀가고 있었다.

제 2 편

인내는 쓰다
그러나 그 열매가 갖는 의미는 남다르다

영화 「STAND UP GUYS」 중 "누구든 베풀어야 할 때는 억압과 강제가 아닌 스스로의 의도로 베풀어야 한다….."라는 '알파치노'의 명언이 문득 생각났다.

의뢰인은 잊힐만하면 한 번씩 연락이 왔으나, 그 해가 넘자 나는 사실 포기상태에 이르렀다.

나름 그간 줄기차게 행적을 좇아 성남으로 강북으로, 그리고 강남 일대를 이 잡듯 뒤지며 뒤를 좇았으나 그야말로 그림자 게임에 지나지 않았다. 그러나 의뢰인에게 뭔가를 꼭 찾아서 돌려주고 싶었다.

진행 비용을 떠나서 나 스스로의 의도로 베풀어야만 하는 상황이었다.

그리고 드디어 역사적인 날이 성큼 다가왔다.

그것도 국민 행복을 슬로건으로 내건 박 대통령 취임식 날. 해결의 실마리는 운명처럼 내게 조용히 다가왔다.

2013년 2월 25일 18:04분 ○○동 A 빌딩 앞.

사건 용의자가 다녀갔을 것으로 유력한 B 회사 옆 건물에서 잠복한 지 사흘째 되던 날, 이날도 나는 홀로 오전부터 잠복하여 주변의 눈치를 보고 차량을 수시로 이동하며 10시간째 줄기차게 버티고 있었다.

그러던 중 갑자기 작은 키에 육중한 몸을 이끌고 잠복 중인 내 차량 옆을 중년의 남성이 스치며 지나갔다. 그는 가던 길을 갑자기 멈추고 주차관리인과 잡담을 나누고 있었는데, 외모가 엇비슷한 느낌이 들어 재빠르게 망원렌즈를 클로즈업하여 그를 살펴봤더니 다름 아니라 이번 사기 사건의 지명수배자인 Y 사장이었다.

나는 여느 때와는 달리 심장이 두근거리지도 않았고 차분하게 다가왔다. 오랜 시간 동안 진행됐던 대단원의 막이 내려서 일까….

Y 사장은 약 5분여 동안 관리인과 담화를 나누고, 뒷모습만을 보이며 현관을 통해 2층으로 올라갔다.

나는 지난 주말부터 의뢰인에게 느낌이 좋다, 반드시 해결해줄 테니 그간 믿고 기다려준 것처럼 조금만 더 기다려주면 좋은 결과가 나올 수 있을 것이라는 얘기를 막연히 문자로 날리며 희망을 심어준 기억이 떠올랐다.

의뢰인은 전화로 말했다.

"제발 꼬옥 좀 잡아주세요."

"반드시 죄의 대가를 치르게끔 할 거니까…."

25일 오전 대통령 취임식이 한창일 때, 나는 점점 더 수배자에게 접근해가고 있었다.

오늘은 왠지 마음이 가는 대로 움직이고 싶었다.

사실 모두의 반대를 뒤로하고 혼자서 덤덤하게 현장에서 용의자가 나타나기만을 무작정 기다렸던 터….

인내심은 때론 많은 것을 포기하게 하지만, 반면에 얻는 것도 있었다.

현장에서 Y 사장이 확인되자 나는 그 즉시 의뢰인에게 전화했다. 의뢰인은 현장 도착까지 한 시간 반쯤 걸릴 것이라고 했다. 수배자가 빌딩에서 나오지 말았으면 하는 마음으로 기다리던 중, 아무래도 먼저 112에 신고를 하는 게 나을 것 같았다.

퇴근 시간이라 미행도 쉽지 않을 터였다.

아~, 그러나 이를 어쩌랴!

112 상황실에 신고하던 중에 수배자가 급히 튀어나오며 대기 중인 검정 벤츠를 타고 이동을 하는 게 아닌가….

신고 도중에 용의자가 이동 중이니 잠시 후 다시 연락을 주겠다고 하며 상황실과의 전화를 끊고 차량을 반대방향으로 돌려 뒤따르기 시작했다.

벤츠 차량은 저만치서 골목길의 어둠 속으로 사라지고 있었다.

골목길에서 추격신이 시작되었다.

나는 그 와중에도 한 손에는 캠코더를 들고 벤츠의 차량 번호와 추적하는 상황 등을 담아내고 있었다.

다행히도 수배자는 미행을 눈치채지 못하는 듯했다.

골목길에서 차량에 막혀 놓칠뻔하기를 서너 차례, 천지신명의 도움인지는 몰라도 그야말로 기적적으로 벤츠를 용케도 따라붙고 있었다.

그때, 순찰차라고 하며 연락이 왔다. 그런데 경찰관은 수배자가 잠시 들렀던 사무실에 들어가서 확인을 했다고 했다.

사무실에서 수배자에게 연락이 간다면…. Y 사장이 낌새를 읽고 줄행랑을 치는 모습이 눈앞에 순간적으로 그려지는 듯했다.

오늘 해결 못 하면 포기해야 할 것 같은 직감이 엄습해왔다.

순찰차엔 지금 수배자를 뒤쫓고 있으니 잠시 후에 연락 드리겠다고 하며 전화를 끊고 저만치 앞서 가는 벤츠 차량을 주시했다.

지금은 혼자인지라 더더욱 촉각을 곤두세울 수밖에 없었다.

잠시 후, L 호텔을 꺾어 골목길로 접어들며 이백여 미터를 진행하다 고급음식점 앞에 차를 세우고 수배자가 먼저 내려 발렛파킹을 부탁하며 일행과 함께 음식점 안으로 들어가는 모습까지는 포착되었다.

즉시 순찰차에 음식점과 주소, 전화번호 등을 알리며 경광등 없이 조용히 진입해달라고 부탁하는 것도 잊지 않고 말했다. 20분 동안의 추격신을 마치고 헐떡이고 있는 내 뒤로 순찰차가 당도했다.

신고자와 수배자 인적사항 확인 과정을 거치자 나는 즉시 수배자의 오늘 옷차림 등이 있는 사진을 보여주며 음식점 내부의 Y 사장이 앉아 있는 방향을 지목했다.

잠시 후, 경찰관 두 분께서 정중하게 수배자를 연행해서 조용하게 빠져나왔다. 혹시나 도망칠 것에 대비해 나는 밖에서 대기하고 있었으나, 그는 별다른 저항 없이 순찰차를 타고 인근 지구대를 거쳐 경찰서로 직행했다.

30분 후 의뢰인 부부도 이곳에 도착하여 떨리는 심장을 진정시키기 힘들다고 하면서 상기된 얼굴이었다. 손도 약간 떨리는 듯했다.

고맙다는 얘기를 연신 하는 부인과 달리 의뢰인은 변호사와 통화하기도 바빴고 어떻게 수습을 할 것인지를 고민하는 듯했다.

1년에 걸친 대장정이 강남구 ○○동의 한 음식점에서 너무도 갑작스레 막을 내린 것이다.

의뢰인 부부는 아무래도 믿기지 않는 듯해 보였다. 다행히도 사전에 대상자의 사진을 전송해주어 확인이 선행되었으니까 망정이지, 무턱대고 현장으로 오라고 했다면 정말 이리 신속하게 올 수 있었을까 하는 생각이 스쳐 지났다. 그 많은 사연을 어떻게 다 글로 표현할 수 있을까….

"글은 말하고자 하는 것을 다 쓰지 못하고, 말은 마음속의 참뜻을 다 표현하지 못한다."

그간 길거리에만 나서면 용의자가 타고 다니던 동일 유형의 외제차를 체크하며 다녔고 연고지란 연고지는 모조리 잠복했었으나, 용의자는 교묘하게 꼬리를 감추기 일쑤였다.

그러나 희망의 끈을 절대 놓지 않고, 서류상 이혼한 것으로 추정된다는 의뢰인의 끊임없는 말을 듣고 부인의 흔적을 확인한 게 주효했다.

그리고 무엇보다도 의뢰인과 분담하여 사소한 흔적만 나타나도 서로가 취합한 정보를 주고받으며 혼연일체가 되어 움직인 것이 사건 해결을 이뤄냈다고 생각한다.

그동안 사실 나는 매월 정기적으로 구글에서 수배자의 아이디, 이메일 주소, 전화번호 등을 가지고 Y 사장을 추적하고 있었다.

그러던 중, 수배자인 Y 사장의 부인 명의로 최근 법인사업체를 개설하면서 조사 진행이 급진전하기 시작했다. 이혼했다던 전 부인 명의로 개설된 법인체에서 직원 모집 광고를 온라인상에 게재하였는데, 연락처가 공교롭게도 Y 사장의 이메일과 아이디여서 직감이 꽂혔기 때문이었다. 법인명을 등기부상에서 확인하자 이혼했다던 부인이 대표이사로 등재되어 있었다. 냄새가 물씬 풍겨왔다.

법인사업체의 주소지에서 지속적으로 잠복해 들어가 끝내는 Y 사장의 흔적을 찾아낼 수 있었다.

그 오랜 시간 속에 묻어있는 얘기를 어떻게 다 함축하여 표현할 수 있을까…. 그간의 어려움과 고달픔을 표현한다는 것 자체가 봄날의 아지랑이처럼 스치고 지나간다.

우리의 삶에 완벽함이란 없다.

오직 끈기있게 인내심을 갖고 부단히 노력만을 할 뿐이다.

사냥꾼은 선천적인 후각과 감각도 중요하지만, 후천적인 요인인 끈기와 집념, 스누퍼 같은 예리함으로 만들어진다는 것을 잊지 말아야 할 것이다.

제 6 화

조상 땅에 얽힌 비화

중요한 것은 일의 능률이 아니라, 그 일에 몰입한 정신이다.
그래서 신은 늘 결과보다 혼신의 힘을 쏟아부은 우리의 노력에
더 관심을 갖고 있는 것이다.

민간조사에 관여하기 전에 과거 부동산 바닥에서 많은 사람들에게 로또를 선물했던 기억이 떠오른다.

남들이 하지 않는….

관심이 없는….

쓸모없다고 하는 것을 가지고 황금알로 변모해내며 뉴타운과 재개발, 재건축단지를 두루 섭렵해 많은 공작을 펼치곤 했었다.

그래서 과거 직원들에게 교육도 해볼 겸해서 1930년대 소유권보존등기가 되어있는 등기부등본을 건네며 등기부상의 인물을 일주일 동안 찾아보고 조사한 결과를 추후에 제시하라고 했다.

이런 유형의 부동산 조사는 사실 직원들에게 생소한 것이었다.

그러나 조사업을 영위하기 위해서는 나름 새로운 스킬도 학습해야 하기에, 이 과정을 통해 한 단계 업그레이드된 민간조사원이 될 수 있을 것이라는 생각이 있었다. 즉, 소위 말하는 '선수'의 자질을 키우려는 방편이었다.

쉽게 얻어지는 것은 쉽게 잊히기 때문에 반드시 시차를 두고 하나하나 이어가며 상황 설정에 맞춰가야 한다. 젊고 유능한 직원들은 이를 절대 잊지 않고 자신의 것으로 소화한다. 당연히 그때는 잘 알지 못한다는 게 흠이지만….

직원들이 과연 정답의 근사치에 접근하는 답안을 제대로 낼 수 있을까 싶은 의구심이 들었지만 무작정 기다려보기로 했다.

약속한 한 주가 훌쩍 지났다.

직원들 분위기는 나름대로 자료조사를 거쳤기에 충분한 학습 효과가 나타났을 것처럼 보였다.

나는 직원들을 회의실로 불러들여 전체적인 접근 개념부터 정리하며 풀어나가기로 했다. 직원들이 의기투합하여 집요하게 조사한 자료는 거들떠보지도 않고 곧장 조사 물건에 대한 접근 루트를 따라 들어가기 시작했다.

이 물건은 이상하게도 부동산등기부만 아직까지 살아있는 물건이었다.

과거 화성 시청을 상대로 5회 정도의 소유권 분쟁이 있었고, 부지는 총 11필지로 1936년도 공유수면 매립으로 등록되었으며, 1976년도에 공장용지로 택지 개발되어 분양이 깔끔하게 끝나버린 약 7만 5천 평의 시가 천억 원대의 토지였다.

그런데도 부동산등기부가 현재까지 존재하고 있었던 것이다. 토지대장에 해당 지번은 그 어디에도 근거가 없었다. 정말 귀신이 곡할 노릇이었다고 당시의 상황을 현장감 있게 들려줬다.

브리핑은 계속 이어졌다.

화성 시청에 문의했더니 그 토지에 대해서는 익히 잘 알고 있었다고 했다. 이런 유형은 직원들의 호기심 유발과 함께 학습효과도 탁월했다.

먼저, 전산화되기 전인 '폐쇄 등기부등본' 그리고 '구 등기부등본' 등을 거슬러가며 추적해보자고 했다.

더불어 토지대장, 카드대장, 부책 등도 당연히 검토하고 취합된 자료를 토대로 국가기록원과 국립도서관에서 관보 등도 열람이 뒤따라야 한다고 했다.

분할된 필지는 분할 전의 것으로 역추적하여 모번지를 찾아냈고 지적원도를 통해서 주변의 소유주들까지 파악했다. 꼬리에 꼬리를 물고 실타래를 풀어가듯 나아가자 서서히 실체가 드러나기 시작했다.

가끔 막걸리 한잔을 기울이며 옛날 얘기를 늘어놓으면서 흐르듯이 학습하는 방식을 나는 매우 즐겨 했다. 과거 잠깐씩 들려줬던 내용을 흘리지 않았다면 접근하는 방식, 즉 일 머리를 알고 있을 것으로 생각하고 있었다.

당시에는 대다수가 주거지 인근에 토지를 소유하는 게 일반적이었다고 나는 강조했다. 특별히 관직에 있다거나 큰 사업을 하는 경우에는 본인이 머무르는 지역마다 주택과 후처, 그리고 다수의 토지를 소유하고 있었다는 점도 곁들여 소개했다.

영종도 인천국제공항 건설 시 서류상의 소유주는 있으나 정작 보상금(공탁금 700억 정도로 추산)을 받지 못했던 소유주의 후손을 찾아 영종도 출장소를 오가며 조사에 많은 시간을 할애했던 이야기도 양념으로 섞어가며 집중도를 높였다.

백 년의 기록을 뛰어넘는 집념과 끈기도 강조하며 계속 설명을 이어 나갔다. 또한, 관보에서 무주 부동산 공고를 찾아 그것을 토대로 지자체를 상대로 조목조목 따져가며 의뢰인과 함께 소장과 준비 서면, 그리고 답변서 등의 자료를 취합하여 승소 판결을 이뤄낸 사례들도 곁들였다.

박 실장과 이 실장 등은 눈동자가 빛을 발하고 있었다.

실패했던 부분도 들려주면서 실패가 두렵기는 하지만 실패해보지 않는 사람은 잘해야 제자리걸음, 늘 그대로일 것이라고도 강조했다.

최고의 기술은 오직 손에 익은 기술과 마음속의 오묘한 짐작일뿐 말로는 다 표현할 수 없음을 설명하며 책 속에서는 배우지 못한 살아있는 교육을 진행하였다.

실패의 교훈도 좋지만 나는 가급적 성공적인 삶을 살아가고 싶은 욕망이 아직도 가슴속에 콸콸 요동치고 있었다.

얘기가 끝나고 직원들의 보고서를 살펴보니 그래도 한솥밥 먹은 가락이 있어, 나름 전문성이 드러나진 않았어도 이 사건의 실체에 접근하는 방식은 대체적으로 맞아 들었다. 그러나 앞으로 이들 앞에 동일 유형의 사건이 접수된다면 실제 해결까지는 산 넘어 산일 것이었다.

애초에 직원들은 걸음마에서 이제 막 입문 과정으로 들어가는 단계이므로 전체 과정을 이해하는 데 무게를 더 두는 쪽으로 나는 생각하고 있었다.

직원 중 한사람이라도 부동산 조사 분야에서 선수로서 활약할
수 있기를 기대하는 것은 나 혼자만의 욕심일 수도 있다.

아직 해결되지 않은, 처리 안 된 사건이 있다면, 맨 처음 사건이
시작되었던 곳에서 다시 한 번 곱씹어보며 색다른 방법으로 리뷰해
본다면 새로운 실마리를 발견할 수 있지 않을까?

제 7 화

질문에는 항상 답이 있기 마련이다

'답안'보다 중요한 건 '질문'이다.
모든 문제에는 항상 답이 반드시 존재한다.
그리고 해결책도 아주 다양하다.
문제를 해결할 수 있다고 생각하는 사람만 해결이 가능하다.

오늘은 필적 감정이 나오기로 한 날이다.

16:00까지 사무실로 오라는 이 교수의 얘기를 듣고 재차 사건의 맥을 짚어보고 있었다.

아침부터 전반적인 사건의 개요를 복기하면서 피해자가 피의자로 몰려 무고죄로 교도소에 수감 되었다는 어느 의뢰인의 눈물 어린 하소연을 떠올리며 이 사건의 핵심을 파헤쳐서 접근해보았다.

지난 며칠 동안의 탐문 결과와 의문점들을 나열해보면서 생각을 정리해보았다.

당시 왜 사건 담당 변호사가 결정적인 증거라 할 수 있는 CCTV의 증거 보존 신청을 안 했는지 이해하기가 힘들었다.

세월이 흘러 벌써 1년이 다 되어가는 시점에 은행의 해당 지점 CCTV가 이미 보존이 되어 있질 않아 무죄 입증이 쉽지 않은 터….

그리고 왜 은행의 지점에서는 그 많은 CCTV 중 유독 3번 카메라만 부분적으로 증거를 제시했는지도 여전히 의문점으로 남았다.

그 밖에도 용의자들의 통화내역 조회도 없었고, 피해자는 알리바이도 입증을 못 하였다. 게다가 거액이 인출되어 어떻게 흘러갔는지 아닌지조차도 없었고 설상가상으로 국과수의 CCTV 감정 결과도 조작의 흔적을 파악하기 힘들다고 했으니 아리송할 수밖에…

하지만 실체적 진실 파악에 좀 더 접근하고 싶었고, 더 나아가서는 억울함을 풀어줄 만한 결정적 단서가 필요했다. 그래서 당사자들의 필적감정을 의뢰했었다.

결과에 따라서 참고인 진술 등을 보완할 수 있으리라 추정되는 몇 가지 사항들을 확보한다면 무죄 입증의 가능성도 전혀 배제할 수 없었다.

제1금융권에서 당사자 없이 출금전표로 거액이 인출된 사건이니 사전에 관련자들 간에 통화내역 조회는 확인해볼 필요성이 있었을 텐데…

장맛비가 오락가락하는 높은 습도 속에 불쾌지수 또한 제어가 힘든 짜증 나는 날씨였다.

나는 여러 가지 궁금증을 뒤로하고 관공서의 구내식당에서 식사를 가볍게 마치고 나자 허기를 면해서인지 머릿속의 복잡함도 어느새 정리되어 이 교수가 있는 국제법과학감정원으로 향했다.

지하철 2호선은 북새통이었다.

냉방 가동은 최고로 운용되고 있었지만 지하철의 실내는 온갖 유형의 사람 냄새로 가득했기 때문에 무더위보다 냄새가 더 힘들게 느껴졌다.

30분 후, 이 교수 사무실에 당도하여 동지섣달 꽃 본 듯이 버선 발로 나오며 반갑게 맞아주는 이 교수를 따라 감정 결과가 있는 테이블로 향했다.

자리에 앉자 이 교수는 나직이 웃으며 서둘러 결론부터 말했다. 필적은 출금전표에 있는 것과 동일 필적이라 했다.

다른 사람의 필적이라는 감정 결과가 나왔으면 구체적인 증거 수집과 참고인 진술에 나서려고 했지만, 더는 꼬일 대로 꼬여버린 이 사건의 실체적 진실 파악은 짧은 시간에 의뢰인이 원하는 결과를 얻기는 어려워 보였다.

감정서를 가방에 넣고 씁쓰레한 웃음을 띠며 담배 한 개비를 물었다. 담배 연기를 깊게 아주 깊게 빨아서 가슴 깊은 곳을 문질러 대고 끌어올리며 빗물 속에 뱉어내며 지하철역으로 걸음을 재촉했다. 이해를 돕기 위해 사건의 개요를 간략하게 살펴본다.

경주에서 해안도로를 타고 울산 방향으로 내려가다 보면 감포항이 자리 잡고 있다.

이곳에 위치한 3층 건물의 K 해수탕이 경매에 붙여져 유찰을 거듭하자 호시탐탐 기회를 노리던 지역 건달 출신 황 사장은 세력을 동원하여 물밑 작업 끝에 드디어 감정가의 절반인 6억5천만 원에 낙찰을 받고는 즉시 공작에 착수하게 된다.

경주에서 순진하고 건실하기로 정평이 난 조 사장은 규모가 제법 있는 건축자재상을 운영하고 있었으며 가끔은 그 성실성을 인정받아 건물 등의 신축과 증·개축공사도 곧잘 맡아 진행하여 알부자로 소문난 지역의 유지였다.

황 사장은 평소 유심히 봐두었던 순진한 조 사장을 끌어들이면서 험난한 사건의 발단은 시작되었다.

리모델링 공사금은 총 10억 원이었고 조 사장은 계약금으로 1억 원을 받고는 3층 건물을 5층으로 증축과 함께 리조트를 꾸미는 공사였다.

조 사장은 주변에 평소 알고 있는 업자들을 합류시켜 그야말로 감포에서는 제일가는 리조트타운을 조성하게 되었다.

그러나 중간에 지급하기로 했던 기성금이 나오지 않고 황 사장의 계산된 노련함에 휩쓸리면서 조 사장은 본인의 자금으로 공사를 마무리하는 단계로 접어들었고 황 사장은 교활한 속내를 드러내기 시작했다.

황 사장은 조 사장을 달랠 때 금융권의 대출을 받아 나머지 잔금인 9억 원을 지급해 준다며 혹시나 있을 수 있는 유치권 등을 은행과 짜고 사전에 원천 봉쇄하는 대출계약을 체결하기에 이른다.

이면에서 이루어지고 있는 그런 내용도 모르는 조 사장은 열악한 조건에서 준공에 이르자 그간의 조 사장 노력에 리조트는 응답이라도 하듯이 대출금이 19억 원으로 상향되어 C 은행과 저당권설정 등의 복잡한 과정들을 거치면서 황 사장은 순진한 조 사장을 씹어

먹고 있었다.

중간중간 C 은행에서 대출금이 이루어졌으나 황 사장은 낙찰금에 투자된 비용을 지급해야 해서 조 사장에게는 마지막에 한 방에 처리해줄 테니 걱정하지 말라고 하면서 달래는 한편 잘라 먹기 공작을 가속했다.

사실 경매에 나섰을 때, 황 사장은 일금 칠천만 원을 손에 들고 감정가 13억 원의 3층 건물의 해수탕을 가볍게 해치운 것이었다.

나머지는 자신이 평소 알고 지내던 사채업자 등을 동원하여 잔금 처리를 했기 때문에 자금 지급 우선순위에서 사실상 조 사장은 밀리고 있는 신세였으나, 순진한 조 사장은 그걸 알 리가 만무하였다.

드디어 공사가 마무리되자 C 은행의 대출 담당자는 대출 관련 서류를 놓고 이상하게도 조 사장의 도장을 받기에 이르렀다.

그것은 남은 대출금 전액을 조 사장의 계좌로 지급하기로 되어있기 때문이었다.

그리고는 대출이 발생하는 즉시 황 사장에게서 조 사장으로 계좌 이체를 해야 하는데, 사전에 통장을 대출담당자에게 맡기면 은행에서 정리해준다면서 아직 미지급 상태에 있는 조 사장의 협력회사들에도 즉시 이체하여 깔끔하게 마무리해야만 앞으로 발생할 수 있는 문제들을 해결할 수 있다고 조 사장에게 말하자 조 사장은 아무런 의심 없이 인출전표에 은행에서 요구한 대로 사전에 금액 등을 기록해주었고 혹시라도 오류가 있을지도 모르니 재작성 시에는 조 사장의 도장이 필요하다고 하며 대출담당자인 자신에게 모든 것을 일임하고 갈 것을 주문했다고 말했다.

그러나 다음날 은행 시간 마감이 얼마 남지 않은 상황에서도 조 사장에게 입금되어야 할 금액 중 협력업체 입금분을 제외한 조 사장 몫인 5억 원의 공사대금이 입금되질 않자 조 사장은 C 은행의 대출 담당자인 성 과장을 찾아가서 따졌다고 했다.

그러나 이미 9억 원은 조 사장에게 사전에 얘기한대로 입금되질 않고 조 사장 본인이 적어준 전표를 토대로 제삼의 인물에게 자신이 기록한 전표대로 입금된 후였다.

순진한 조 사장은 입에 거품을 물고 달려들었지만, 대출 담당인 성 과장은 조 사장의 지시대로 자금을 이체했을 뿐이라며 본인의 잘못이 아님을 호소했다고 했다.

조 사장의 말이 사실이라면 기가 막힐 노릇이었다.

눈에서는 불이 났으며 자신이 절망의 나락 속으로 떨어지고 있는 듯했으나, 그래도 C 은행의 성 과장이 착오를 일으켜 그런 일이 났고 시간이 지나면 곧장 원 위치될 것으로 생각했단다.

시간이 지나자 조 사장은 더욱더 불리하게 사건이 전개되고 있음을 알게 되자 여기저기 하소연하며 급기야는 황 사장과 C 은행을 상대로 고소하기에 이르렀고 경찰에서는 사건이 접수되자마자 가속도를 내기 시작했다. 그러자 이번에는 역으로 황 사장도 조 사장을 무고죄로 몰아가고 사건은 피해자가 이번엔 피의자로 뒤바뀌어 구치소에 갇혀 있다고 했다.

아~! 이런 상황을 꿈에도 생각지 못한 조 사장은 초기에 변호사 등을 동원한 적극적인 전략을 취하지 못하고 자신이 뒤늦게 무고죄로 구치소에 갇히자 부랴부랴 서울의 동생에게 연락하여 자신을 억울함으로부터 구명해달라고 요청을 해왔던 것이었다. 서울에 사는 여동생도 상당한 재력가로 벤츠 등을 타고 다니며 티를 내고 다녔으나, 막상 친오빠의 구명과 관련하여 변호사 선임 등의 문제에서는 본인은 뒷짐을 지고 빠지며 언론이나 주변의 연줄을 이용하여 힘으로 현재 상황을 타개할 요량이었다.

그러나 소용없는 일이었다.

현시점에 내가 나서 결정적 증거를 바로잡기에는 시간이 너무나도 오래 흘러버렸었다.

조 사장 여동생의 행동도 못마땅했기에 결국 나는 내 자비로 감정 비용을 지불하고는 여동생에게 감정결과서를 전달하며 도와 드릴 수 있는 일이 없을 것 같다고 짧게 말했다. 사무실로 돌아와 그동안 이 사건에 할애했던 시간들을 생각해보자 육두문자가 저절로 튀어나왔다.

그날은 막걸리 한잔이 몹시도 땡기는 날이었다.

제 8 화

날 잡아봐라~

재산분할을 선점하라

일찍이 보들레르는 말했다.

"사랑하면서 가장 중요한 것은 이별하는 방법을 아는 것이다."

그해 오월은 유별나게도 재수가 없었던 것으로 기억된다.

오십 대 초반으로 추정되는 조심스러운 말투의 아저씨 목소리가 들렸다.

내일 아침 9시까지 부천의 ○○동 ○○아파트로 와달라는 일방적인 전화였다.

현장상담을 생각하고 상담 후 인천지역에 사는 박 실장과 허 실장이랑 식사라도 할 겸하여 현장에서 합류하기로 생각하고 의견을 물었다.

둘 다 OK!

휴일이 가져다주는 느긋한 여유로움을 뒤로하고 사무실을 나섰다.

08시 40분.

의뢰인이 거주하는 아파트 단지 내에 차량을 주차하고 전화기의 키패드의 숫자를 엄지로 누르고 마지막으로 통화버튼을 힘차고 길게 누르자 신호음과 함께 의뢰인의 목소리가 들렸다.

"지금 어디요?"

"아파트 단지 내에 도착해 있습니다."하고 말하자 203동 쪽의 주차장에 있으라고 하면서 인상착의를 물어왔다.

차량색깔과 번호를 알려주며 전화기의 폴더를 닫았다.

잠시 후 가냘픈 모습의 의뢰인이 클로즈업되었다. 그는 차 안으로 들어가서 얘기하자고 하며 우리를 차량 안으로 밀어 넣었다.

간략하게 그간의 스토리를 들려주는데….

아~, 이미 이 아저씨가 혼자서 해볼 만큼 하다가 도저히 안 되었던지 현지의 심부름센터에 맡겨서 일을 진행했었음을 이내 감지했다.

의뢰인 스타일로 보아서 푼돈으로 해결하려 했으나 추가비용에 계속되는 '추가' 소리에 손을 들고 말았고 여기저기 공을 들인 후에야 나에게까지 왔음을 알게 되었다. 짧은 시간에 요약해서 들어본 바로 부인은 선수 중의 선수였다.

의뢰인의 근무가 비번일 때였다고 했다. 대타 근무를 핑계로 하여 몰래 부인을 추적한 끝에 한눈에 보아도 열살 정도는 부인보다 더 어려 보이는 젊은 남자와 대낮에 음식점에서 술을 마신 후 대범하게 바로 옆의 모텔로 곧장 들어가는 것을 목격했다고 했다.

그 광경을 지켜본 그는 가슴이 쿵쾅쿵쾅…. 어찌할 바를 몰라 가지고 있던 핸드폰으로 그 흔한 사진 한 장 못 찍고 숨어서 그 광경을 지켜보다가 이내 112에 신고를 했다고 하였다.

간통 현장이라고 하면서….

신고 후 20여 분 정도 지나자 순찰차에서 내린 경찰관이 다가와서 자초지종을 말하였고 동행하여 모텔로 진입하려 했으나 모텔 주인 아주머니가 그런 사람이 들어간 적도 없으며 계속 여기에 서 있을 경우엔 영업방해 등으로 신고하겠다 운운하며 완강하게 버티자 별다른 증거도 없던 터라 그냥 돌아설 수밖에 없었다고 했다.

경험이 풍부한 사람이라면 주변의 목격자 등을 사전에 섭외하고 CCTV 등을 확인해보자고 하며 밀어붙였을 텐데 의뢰인은 너무나 순수했다.

정황상 간략하게 핵심을 요약해보니 의뢰인의 부인은 그 모텔에 단골이었고 모텔의 주인 아주머니는 의뢰인의 부인을 보호해야 할 필요가 있는 듯했다. 그리고 놀란 것은 그뿐만 아니었다.

매번 남자가 바뀌었다고 의뢰인은 진술하였다.

부인이 근무했던 곳도 근처였다고 했으나 지금은 쉬고 있다고 했다.

물론 더 복잡한 얘기는 묻지도 않고 하지도 않았다.

지금 당장 이 일을 진행해달라고 하면서 인근 공원 안 골짜기 끝에 있는, 배드민턴 동호회에서 운영하는 장소에 아내가 있을 거라고 하였다. 의뢰인은 차량 번호와 차량색깔 등을 알려주며 같이 가보자면서 자신이 조사팀장이 된 것처럼 리드했고 졸지에 우린 그의 지시에 따라 움직일 수밖에 없었다.

의뢰인의 성향을 보니 정말 법 없이도 모범적으로 사회생활을 영위할 수 있는, 그런 인정 많아 보이는 착한 모습의 아저씨였다.

무엇이 의뢰인을 이렇게도 솔선수범하게 현장을 안내하게 하였는지….

알 수 없는 현장의 상황은 초여름의 무더위만큼이나 성큼성큼 우리 앞에 커다란 벽으로 다가서고 있었다.

세상에서 가장 어려운 세 가지 일은 '증오를 사랑으로 갚는 것, 버려진 자를 받아들이는 것, 그리고 자기 잘못을 시인하는 것'이라고 한다.

의뢰인에게 용서의 마음은 이미 떠나고 없는 것 같았다.

증거 자료의 수집은 이미 이혼을 염두에 두고 재산 분할에 초점이 맞춰져 있었다.

세상에서 이토록 어렵고 힘든 일이 또 있을까….

나는 어찌 보면 가정이 해체되는 과정의 촉매제 역할을 최전선에서 하는 첨병에 가까웠다.

사실 이런 유형의 가정문제는 의뢰 건수에서 절반을 차지하고 있어서, 그렇다고 멀리할 수도 없었다. 당장은 나를 위시한 직원들의 밥줄이었으니까….

난이도로 치면 평범한 수준이었으니 다른 일과 병행할 수밖에 없었다.

의뢰인에게 부인의 사진을 요청하니 사진이 없다고 하며 대략 십삼 년 전의 오래된 사진을 내놓았다. 키는 작았으며 미모는 보통 수준으로 속했다.

현재의 모습도 별반 다르지 않다고 했다.

의뢰인과의 대화가 끝나기가 무섭게 박 실장과 허 실장은 이내 차량 트렁크에서 운동복으로 갈아입고 공원을 가로질러 산자락 속으로 사라지고 있었다.

의뢰인은 한참 동안 나에게 보충설명을 하고는 집으로 들어가겠다고 했다.

주변의 건물과 주차장을 살펴보며 시야 확보가 뛰어난 지점을 실내 한 곳과 실외 한 곳을 체크포인트 1, 2로 나누어 분류하고 관문을 확보하였다.

두어 시간 후에 허 실장과 박 실장이 내려왔다.

현장은 회원제로 운영하는 터라 접근이 불가하다고 했다.

그러나 외부로 들리는 소리에 의하면 운동하는 사람들이 많은 듯하다고 했다.

체크포인트 1에 허 실장을 2에는 박 실장을 배치하고 관문을 확보한 뒤 나는 차량에서 대기하였다.

12시쯤에 운동을 마친 부인은 웬 남성과 함께 다정하게 입출구로 사용하는 공원 산책로를 가로질러 빠져나오고 있었다.

체크포인트 1에서 허 실장은 관찰 임무를 마치고 차량으로 복귀하였고 체크포인트 2에서는 주차장을 유심히 관찰하고 있었다. 같이 운동을 마친 남성의 차량을 확인하기 위해서였다. 각자의 차량으로 가서 운동 가방을 트렁크에 넣어두고 차량에 앉아 자연스럽게 휴식을 취하는 듯하다가 부인은 함께 운동하고 주차장까지 동행했던 남성의 차량이 빠져나오기를 기다렸다는 듯이 자신의 차량에서 내려 그 남성의 차량 조수석에 올라타며 내빼기 시작했다.

부인은 이미 남편이 자신을 추적할 것으로 생각했는지 모든 상황에서 경우의 수를 생각하며 행동하고 있는 듯했다.

주차장을 빠져나간 차량은 곧장 유턴 차선에서 대기하다가 즉시 턴을 해서 질주하다 우측으로 곧장 빠지기 시작했다. 이 지역의 지리 공부를 정말 열심히 한 사람들로 보였다. 우린 고무줄처럼 늘어졌다 당겼다 하면서 남성의 차량인 카렌스에 집중하고 있었다.

주변을 가로질러 나가자 이내 부천역 주변의 유동인구가 많은 혼잡한 곳에 위치한 음식점으로 들어섰다.

상담차 나왔던 터라 장비가 아무래도 마음에 걸렸다.

증거수집이 최우선 되어야 하는데….

상대방은 이런 유형의 경험을 이미 많이 해왔던 터라 스릴을 즐기면서 따돌릴 게 분명했다. 뒤를 이어 허 실장과 박 실장이 자연스레 식당으로 들어섰으나 식당 내부를 아무리 들여다보아도 이들은 보이질 않는다고 허 실장이 다급한 목소리로 무전을 통해 울려왔다. 그들은 이미 빠져나가고 없었던 것이다.

이 사람들은 누가 추적을 하든 않든 간에 항상 습관처럼 자기네가 마치 첩보영화의 주인공처럼 행동하고 있었던 것이었다.

첫날부터 잔잔한 잽에 우린 나가떨어지고 있었다.

중요한 건 오직 지금

첫날의 실패는 앞으로의 험난한 과정을 이미 예견하듯 했다.

의뢰인에게 양해를 구하고 현장에서 철수하여 공원주차장의 부근에서 부인 차량을 확인하고 길 건너 식당에서 늦은 식사를 하면서 순간순간이 모여 하루를 만들어냈듯이 나는 다시 그 순간순간을 거슬러 올라 쪼개보고 있었다.

추적 2일 차.

막상 부인의 얼굴에 근접하여 살펴본 결과 상당한 미모를 겸비하고 있었다.

십삼 년 전의 사진과는 전혀 딴판이었다.

그러나 크게 고민할 필요는 없었다.

부인은 이미 성형수술을 눈, 코, 그리고 하악에 한듯했다. 나이보다 훨씬 젊고 앳되어 보였다.

대중교통을 이용하여 오전 시간에는 어김없이 배드민턴 연습장을 찾았다. 운동이 끝난 후의 행적은 불규칙했으나, 항상 남성들이 동행하였고 밤늦은 시간까지 귀가하질 않았다. 그렇다고 몸을 가누기 어려울 정도로 술을 먹는 것도 아니었다.

아마도 남편과 마주함이 어색하여 피하는 듯했다.

하기야 모텔에서 남편에게 현장까지 뒤를 허용한 터라 제아무리 강심장이라 해도 성장한 자녀들이 있으니 집안에서 부딪쳐봐야 좋아질 게 없었다.

추적 3일 차.

오전 9시를 지나자 자신의 차량을 이용하여 연습장을 향하는 노선으로 들어섰다.

이곳은 일방통행인지라 마음만 먹으면 뒤따르는 대상자를 쉽게 파악해볼 수 있는 지점이었다.

이윽고 공원 주차장에 주차를 마치고는 자연스럽게 부인과 마주하는 차량이 눈에 띄었다.

이번에는 검은색의 베라크루즈였다.

그런데 그 차량에서 부인은 운동가방을 내리고 있어 의아했다.

그렇다면 언제 두 사람이 운동 전후로 동행이 있었다는 얘기인데….

상황 파악이 쉽지 않았다.

두 사람은 다정하게 연습장이 위치한 골짜기로 향했다.

우린 준비한 도시락으로 식사를 가볍게 마치고 등산복 차림으로 복장을 갈아입고 나와 허 실장은 산골짜기에 위치한 배드민턴 연습장 쪽으로 향했다.

한편, 사무실에서 사이버 기반 조사팀으로부터 연락이 왔다.

동호회 사진첩에 접근하여 의심스러운 사람들의 사진을 확보했다고 했다.

이 바닥에선 아무런 정보가 없어도 선수급이라면 적어도 사흘만 따라 다녀보면 웬만한 동선 파악과 대상자에 대한 대략적인 동향을 알 수가 있었다.

그러나 이 부인의 일과는 늘 동호회원과 함께하고 있었고 매일매일 동행하는 남성이 바뀌어 도통 분간이 어려웠다.

과거 남편부터 시작해 지역의 심부름센터 등에서 추적을 당하였던 터라 추적자들의 패턴을 익히 알고 있어 조심하는 듯했다. 터닝 포인트 지점은 시장이나 먹자골목 등 사람이 많고 혼잡한 틈이었고, 그곳에서 부인은 영화 속처럼 유유히 추적자들을 제쳤다. 자신을 쫓다 놓치며 우왕좌왕하고 있는 감시자들의 당황하는 모습을 여유롭게 지켜보는 듯했다.

추적 4일 차.

의뢰인으로부터 연락이 왔다.

부인은 간밤에 들어오지 않았다고 했다.

어떻게 된 거냐며 나를 다그쳤다.

나는 더할 것도 뺄 것도 없이 있는 사실 그대로 얘기해 줬다.

누군가 부인의 행적을 좇는 것 같다는 것을 알아채고 있는 듯하다고 말했다.

간간이 이런 유형의 일들이 펼쳐질 때도 있지만, 이렇게 미꾸라지처럼 빠져나가는 대상자는 선수임이 틀림없었다.

선수는 선수를 알아보기 마련….

부인의 생년월일과 태어난 시를 물어보니 생년월일밖에 모른다고 했다.

즉시 철학관의 원장님께 전화를 연결했다.

한참 동안을 기다린 연후에 철학관 원장님은 대상자인 부인의 사주는 법조인이나 형사의 사주라고 하며 지금은 좋은 결과를 내기는 어려울 거라며 너무 힘 빼지 말라고 귀띔해주었다.

중요한 건 오직 지금인데….

증거자료는 당장 필요하고, 증거자료가 없으면 이혼 소송은 진흙탕 속에서 허우적거리다 결국은 조정 신청으로 마무리될 것이 뻔하였다.

결혼 22년 차 부부인데 재산분할은 50:50으로 이루어질 것이고 변호사 비용 등 모든 게 상처뿐이지 싶었다.

추적 5일 차.

나는 매일 연속해서 뒷북만 치고 다니고 있었다.

사이버 조사팀에서 수집한 사진을 가지고 의뢰인을 만나 보여줬더니 두 사람을 지목했다.

젊고 키가 크고 날렵한 사내는 모텔로 직행한 것 같다고 했고, 다정하게 어깨동무하며 얼굴을 비비고 있는 사진의 남성도 낯이 익은 인물이라고 했다.

그러나 이런 유형의 사진은 너무 많았다. 대상자를 느낌이 가는 세 명 정도로 압축하였다.

아파트 주차장에서 나는 의뢰인에게 중간보고를 마치고 나서야 관문을 주시하기 시작했다.

12시가 지나자 반바지와 티셔츠 차림으로 부인이 집을 나섰다. 단지 내를 통과하여 이내 버스 주차장 쪽으로 향하는 듯했다. 그리고 버스를 타더니 부천역 앞에서 내린 다음 이마트를 거쳐 북문 광장 쪽으로 향했다.

상가 밀집 지역은 모텔들이 즐비하였다.

우린 조용히 뒤를 따르며 결정적인 상황이 전개되기를 고대하였다.

아….

부인은 뱅뱅 우릴 잡아 돌리다 모텔촌 골목으로 들어섰으나 이내 종적을 감추고 사라지고 말았다.

즉시 상황 파악을 하며 현장 점검을 하고 있을 때 노상 주차장에서 비슷한 베라크루즈 차량이 빠져나가는 모습이 보였다. 인근 대기 차량에 연락했으나 반대쪽인 남문 쪽 방향에 있어 따라잡기는 불가능했다.

마치 우릴 보며 '날 잡아봐라~!' 하며 조소하는 듯한 느낌을 감출 수가 없었다. 길 건너 커피숍에서 지켜본 박 실장은 그 시간대에 우리가 뒤따르던 모텔 골목에서 나오는 검은색의 베라크루즈 차량은 없었다고 힘주어 말했다.

허 실장이 잘못 보았나 했다. 부인은 이곳의 지도를 머릿속에 상세하게 넣어 놓고 예상 도주로까지 이미 설정하고 있는 듯해 보였다.

더 이상은 무리일 것으로 판단했다.

일단 현장에서 철수하며 사무실로 돌아와서 차분하게 정리해보기로 했다.

도대체 무엇이 잘못된 건지….

쫓기는 자는 눈이 여러 개나 마찬가지다. 부인은 지극히 평범하게 다니다 쇼윈도우를 통해 주변을 확인했고, 요주의 인물들을 파악하여 꺾어지는 길에서 대기하고 있는 차량에 즉시 올라타서 떠났기 때문에 놓칠 수밖에 없었던 것이다.

추적 6일 차.

오리무중이었다.

아파트 주차장에 부인의 차량은 있으나 좀처럼 모습을 드러내지 않았다.

알고 보니 의뢰인과 다른 일로 출타 중이었다.

부인도 그간의 숨바꼭질이 정신적으로 매우 피곤했으리라 생각 했다.

추적 7일 차.

일요일 오전 9시경에 집을 나온 부인은 간편하게 동네 마실을 가는 듯한 복장으로 나와 또다시 버스정류소 인근을 맴돌았다. 그러다 버스가 오자 지나치는 듯하면서 버스 탑승문으로 향하더니 즉시 승차하였다.

다행히도 여성요원인 정 팀장이 대기하다 편승했다.

10분쯤 지나 부천역을 두 정거장쯤 앞에 두고 부인은 갑작스레 출입문 근처에 자리하고 있다가 문이 닫히기 전에 곧장 내렸다고 정 팀장은 말했다.

노련한 정 팀장도 방심한 듯했다.

그러나 버스를 뒤따라온 CP 차량이 있던 터라 별반 문제는 없었다.

인도를 가로질러 ○○교회로 부인은 들어가고 있었다.

그 복장으로는 교회에서 예배 볼 수 있는 상황이 아니었다.

우린 앞쪽에서 느긋하게 지켜보고 있었으나, 주변 지리를 모르는 우리들의 패착의 연속이었다. 10분 후에 나는 뭔가 이상하다는 느낌이 들어 정 팀장을 교회 안으로 들여보내자 교회에는 뒷문도 있다고 전해왔다.

뒷문으로 나가면 뒷골목(6m 도로)으로 연결되어 있어 대기하던 차량에 탑승하면 쥐도 새도 모르게 빠져나갈 수 있는 그런 곳이라고 했다.

나는 할 말을 잃었다.

캐나다의 전설적인 아이스하키 선수인 웨인 그레츠키가 한 말이 떠올랐다.

그는 아이스하키에서 천하무적으로 군림하던 이유를 묻는 기자들에게 이렇게 답했다고 한다. "나는 퍽이 있는 곳이 아니라, 퍽이 갈 곳을 예측하여 움직인다."

지극히 평범한 지식도 머리에서 꺼내 사용하지 못하고 있었으니, 무슨 탐정이라고 감히 명함을 내밀고 다녔는지 우울하기 그지없었다.

'내가 쫓고 있는 대상자는 누구를 탓할 수도 없을 정도로 용의주도했으니…'라고 나는 스스로를 위로해보았다.

부인은 이런 상황을 매우 즐기는 듯했다.

나는 이런 방식으로 해서는 도저히 따라 잡을 수가 없을 것으로 생각하고는 보험업계의 해결사인 고 여사에게 도움을 요청했다. 고 여사는 어려움에 부닥친 나를 위해 흔쾌히 구원투수를 자처하며 즉시 차량 3대와 민첩하다고 자칭하는 아주머니 4명을 지원군으로 끌고 왔다.

간략한 현장 상황 설명과 함께 서둘러 각자 흩어져 부인의 동선을 토대로 자주 가는 곳 위주로 탐문하자 공원 내 배드민턴 연습장의 주차장에서 검은색 베라크루즈가 발견되었다고 하며 고 여사 부대에서 지원을 요청했다.

나는 일단 모두 베라크루즈 차량이 있는 주차장으로 합류하라고 지시했다.

현장에서 세밀하게 쪼개어 다시 업무분담을 하고 미행팀을 남녀 1쌍으로 조 편성을 하고 최대한 자연스럽게 대기하도록 주문했다.

점심시간 무렵인 12시가 지나자 부인과 그 남성은 운동을 마치고 주차장의 베라크루즈 차량에 각자의 운동 가방을 실었다. 다소 둔탁한 디젤 차량의 시동 음이 울리고 서서히 주차장을 돌아 빠져나가기 시작했다.

"분명 아침에 집에서 나올 때는 빈손이었는데…."

나는 독백처럼 가볍게 속삭였다.

그렇다면 베라크루즈 차량에는 운동 가방이 항상 실려있다고 봐야 했다.

두 사람은 오류동의 운동기구 판매점을 거쳐 골목길을 돌고 돌아 살피며 C 수목원 건너편 등산로 앞의 도로변에 차량을 주차하고 있었다.

여러가지 짐들을 차량에서 내려놓자 일행으로 보이는 사람들이

산속에서 내려와 어깨에 메고 다시 산속으로 들어가기 시작했다. 즉시 등산복 차림으로 갈아입은 허 실장과 고 여사가 반대편으로 진입하여 산골짜기 쪽으로 들어섰다. 거기에는 대형 천막으로 가설된 운동시설이 자리하고 있었다.

그야말로 천혜의 요새와도 다를 바 없는 곳이었다.

도로에서는 약 150여 m 떨어진 그곳의 상황을 전혀 감지할 수는 없어 보였다.

서둘러 주변의 상황을 둘러본 후에 체크포인트를 설정하고 두 지점을 놓고 장비를 세팅하고 망원렌즈를 들여다보았더니 중년의 남성 여성들이 굉장히 많았다. 시야에 들어오는 인원만 해도 대략 이십여 명 정도는 족히 되어 보였다.

삼겹살과 소주, 맥주, 막걸리 등으로 잔치가 벌어지고 있었으며 간간이 남녀 한 쌍씩 자리를 빠져나와 사랑놀이를 하고는 했다.

오후 5시쯤 야외 회식이 끝나자 서둘러 삼삼오오 짝을 지어 내려오기 시작했다.

도로변에 세워둔 베라크루즈 차량에 부인과 내연남으로 추정되는 두 사람이 탑승했다.

그리고는 약속이나 한 듯 동시에 차량 3대가 움직였다.

이미 이들은 누군가 자기 자신을 미행하고 있다는 사실을 알고 있었다. 그러면서도 최대한 자연스럽게 행동하며 한발 앞서 따돌리고 있어 거의 수준급으로 판단되었다.

많은 차량과 내로라하는 사람들을 동원한 추격의 의미도 퇴색해

버렸다.

아주 완패를 나는 시인하고야 말았다.

의뢰인에게 내일 만나자고 하며 시간을 정한 뒤 다들 삼겹살에 쐬주나 한잔하자며 인근의 음식점에서 결과도 없는 현 상황에 말없이 마주앉았다.

4金…. 황금, 소금, 지금, 불금.

그렇게도 소중한 지금은 허무하게 다가왔다.

한 주간 상황을 복기해보며 간과했던 부분들을 짚어보았다.

지금은 시기가 아니라는 결론을 얻었다.

다음날 의뢰인과 마주하며 그간의 정리한 자료를 건네며 결정적 도움이 되는 자료가 없음을 알렸다.

그간의 정황을 누구보다도 잘 알고 있던 의뢰인은 수고했다고 하며 자신의 잘못이라고 자책하며 헤어졌다.

미련이 많이 남는 사건이었다.

그러나 이 사건은 예고편에 불과했을 뿐이었다.

본편은 1년 후, 맹독으로 재무장하고 뼈아픈 한을 품은 의뢰인이 이혼 소송을 한참 진행 중일 때였다.

세상 물정 모르는 의뢰인이 너무 불쌍해 보여 재판부에서 의뢰인을 조용히 불러 증거 자료만 가지고 오면 유리하게 재산 분할을 할 수 있을 것이라는 언질을 받았었는지, 나는 뜻밖의 리턴 매치를 할 수 있었다.

설욕의 찬스는 정확히 1년 후에야 기회가 주어졌었다.

제 3 편

여러가지 경우의 수를 감당할 수 있다면
결심은 의외로 쉽다

1년하고도 정확히 17일이 지난날이었다.

의뢰인과의 만남은 전화로 먼저 이루어졌다.

"기억하느냐? 작년의 내가 의뢰했던 일을…"

마무리가 찝찝한 사건이라 잊을 수 없는 사건이었다.

"아, 네…. 기억하고 말고요."

"그런데 사장님께서 어쩐 일로 전화를 다시 주셨습니까?"

의뢰인은 다짜고짜로 시간 좀 내어달라고 하며 일방적으로 작년과 똑같은 장소에서 오전 10시에 만나서 얘기 좀 했으면 한다고 제안을 해왔다.

부동산 보상 관련 업무를 지인에게 의뢰받아 해묵은 건을 해결하기 위해 집중하고 있었던 중이라 허 실장만 보내려고 했으나, 내가 동행하는 게 모양새가 나을 것이라 생각해서 다음날 아침 스케줄을 조정하고 부천으로 넘어가기로 했다.

언제나 그렇듯이 15분 전에 도착하여 여러 가지 경우의 수를 산정해보았으나 특별한 일이 있을 수는 없어 보였다.

이윽고 초췌한 모습의 의뢰인이 손을 내밀었다.

"지금은 소송 중입니다."라며 서두를 꺼내면서 의뢰인은 재판부에서 증거 자료를 제시하라 했다고 말했다.

그렇게만 된다면 본인에게 유리하게 종결될 수 있단다.

나는 부인의 경우에는 한 주 동안에 해결하기 어렵다고 말하며 차분하게 한 달 정도를 생각하고 진행하는 게 좋을 듯하다고 조심스럽게 의뢰인의 얼굴을 살피며 의견을 피력했다.

왜냐하면, 작년에도 그렇지만 지금은 이혼소송 중이라 더더욱 조심할 터인데, 상황은 작년보다 오히려 더 악화되었다고 보는 게 주된 이유였다.

그러나 반드시 해결하고 싶었다.

그리하여…

의뢰인이 부인과 결혼하게 된 배경부터 시작해서 지금까지의 살아온 내용들을 쭈욱 들려달라고 하여 좀 더 내적으로 접근해보기로 했다.

난 의뢰인 부부가 사실 재혼커플이라고 생각하고 있었다. 부인은 재혼인 게 맞았으나, 지금의 아이들 1남 2녀는 의뢰인과 부인 사이에서 태어난 게 맞다고 했다. 본인은 총각인 상태에서 결혼했는데 부인은 과거의 결혼전력을 감추고 결혼했기 때문에 세월이 한참 지난 후에야 그 사실을 알고 충격을 받았다는 것이다.

초혼에 이미 아들도 한 명 있었으나 갓난아이 때부터 언니가 키운다고 했다. 당돌하기 그지없는 부인임에는 틀림이 없었다.

그러면 가정 경제는 누가 운용하느냐고 묻자 의뢰인이 모든 것을 하며 부인에게는 돈을 주지 않는다고 했다. 그래서 부인은 자기 자신이 쓸 돈은 이제까지 스스로 해결한 것으로 나타났다. 원인 없는 결과가 없다고…. 부부관계는 결국 파국으로 내몰리며 해체 순서를 밟고 있었다.

자녀들 의견을 들어보았느냐고 묻자 아버지를 정신병자 취급하며 관심도 없단다.

의뢰인은 무척이나 외로워 보였다. 부인이 지금 일은 하고 있느냐고 묻자, 찜질방에 취직해서 근무한다고 했다.

새벽 4시에 일어나 출근하고 있다는 것 외에는 전혀 모른다고 했다.

일정을 조율해서 착수하기로 하고 헤어졌다.

돌아오는 길에 허 실장에게 해결책이 있겠느냐고 묻자 매사에 긍정적인 허 실장은 "한 달이라면 충분할 것 같은데요…." 하며 자신 있게 말했다.

나는 긍정의 힘을 믿었다.

사무실로 돌아와 대책안 마련에 허 실장은 몰두하고 있었다.

주말이 시작하는 금요일이 스타트에 적합하다는 결론이 도달하자 배정 인원을 3명으로 하고 현장 상황과 연동하여 필요할 때 차량과 인원을 추가 투입하기로 했다.

먼저 일터를 파악하는 게 급선무였다. 사무실에서 밤을 보내며 새벽 3시에 일어나 장비 점검 후 곧장 현장으로 출발하여 아파트의 관문에서 시야 확보가 최적인 지점에 포진하고 한편으로는 버스정류장 인근의 편의점에서 그리고 차량에서 지원팀이 준비하고 대상자를 기다리고 있었다.

4시 10분쯤에 집을 나서 1차 관문을 통과하자 즉시 부인의 차림새 등이 현장팀 전원에게 전송되었다. 정 팀장이 편의점에서 나서고 허 실장이 관문에서 빠져 버스정류장에서 대기하고 있자 이윽고 대상자가 나타나 버스에 오르자 자연스레 두 사람이 뒤따르고 지원팀의 차량이 버스를 뒤따르며 고수와의 기나긴 싸움은 그렇게 서서히 막이 오르고 있었다.

이윽고 1호선의 역곡 북부역 인근에서 버스가 정차하자 나란히 내려서 여성인 정 팀장이 자연스럽게 대상자를 10m 정도의 거리를 두고 미행하며 근무지 확인작업에 박차를 가하고 있었다. 약 7분 정도를 걷자 ○○찜질방이 눈에 들어왔다.

부인이 입구로 들어서는 것을 확인한 정 팀장은 허 실장과 함께 나란히 찜질방으로 향했다. 어디서 무슨 일을 하고 있는지 퇴근 시간은 어떻게 되는지 또 매주 쉬는 날은 언제인지 등등 체크해야 할 게 너무 많았다.

지원차량에서 나는 최적의 상황에서 찜질방의 관문을 확인하기 쉬운 지점을 체크하고는 잠시 휴식을 취하였다.

최소한 12시까지는 근무시간일 것으로 추정하고 인근에서 김밥 등을 준비하며 나는 서서히 전의를 불태우면서 자신감을 높여가고 있었다.

한편, 찜질방안에 잠입하여 상황파악을 하던 허 실장과 정 팀장은 부인이 매점에서 근무하고 있는 모습을 포착했다. 번잡한 찜질방 내부에서 수시로 체크하며 파악했으나 근무가 끝난 것은 1시쯤 파악되었으나, 계속 실내를 맴돌며 시간을 죽이고 있었다. 어디론가 전화를 하곤 했으나 이혼 소송에 관련된 것들로 들렸다.

변호사 얘기도 나오는 걸로 보아서는 이미 변호사선임도 이루어져서 공방이 이루어지고 있는 듯했다.

부인은 오후 4시 30분이 되어서야 ○○찜질방 건물에서 나오는 모습이 포착되었다.

이내 도로변에서 잠시 기다리는 사이에 내연남의 베라크루즈 차량이 골목에서 갑자기 튀어나왔다.

부인이 조수석에 승차하자 차량은 이내 가속이 붙기 시작했다.

한동안 뜸해서 인지 경계하는 모습은 보이질 않았다.

소사역 주변 이면 도로에 주차한 다음 둘은 호프집으로 향했다.

부인은 술을 별로 좋아하지는 않는 듯했으나 주변 사람들과 붙임성은 매우 좋아 보였다.

분위기를 주도하며 3시간가량을 지인들과 함께하고 있었다.

외부에서는 아마도 주변 사람들이 인정하는 공식적인 부부 같은 모습으로 느껴졌다.

부인은 성형으로 인한 미모 때문인지, 아니면 타고난 친화력이 좋은 것 때문인지는 몰라도 좌중의 남성들 모두에게 여성으로 느껴지는 것 같이 보였다.

맥주를 마신 후 베라크루즈 차량의 운전자인 내연남은 주택가 뒷길을 이용해서 이번에는 중동의 중심상가 쪽으로 향했다.

내연남은 학창 시절에 지리 공부를 전공한 것인지 주변 이면도로의 상황을 훤히 꿰뚫고 있는 듯했다.

이번에도 역시 먹자 상가 골목의 인파 때문에 두 사람을 놓치고 말았다. 하지만 정 팀장이 매의 눈을 가진 여성인지라 십여 분만에 간단하게 찾아냈다. 꼼장어 집이었다.

이번에는 소주로 시작하고 있었으며 합류한 일행까지 8명 정도가 숯불 연기와 석쇠에서 꽈배기 춤을 틀어대는 꼼장어와 함께 즐거운 분위기 속에서 깊어가는 여름밤을 향해 폭풍 질주하고 있었다.

자정이 다 되어서야 자리가 끝나자 두 사람은 곧장 자리를 떠났다.

그리고 이번에는 결코 놓치는 일 없이 따라붙어서 새로운 사실을 접하게 되었다.

부인과 내연남의 집과의 거리는 불과 500m 정도 인접하고 있었음을 인제야 알게 된 것이었다.

우리는 내연남을 뒤따라 동 호수를 파악하고 차량에 있는 전화번호까지 철저하게 확인해두었다.

내연남의 실체에 좀 더 가까이 접근하기 위해서였다.

부인은 새벽녘의 출근 시간과 의뢰인과의 소송 중인 관계로 인하여 더욱더 철저하게 본인의 진실한 삶으로 돌아가 충실한 듯했다.

우리의 일과는 매일 내연남의 집과 찜질방에서 보내며 동향 파악에 시간을 할애했으나 별다른 특이점을 파악하지 못한 채 시간만 계속 흐르고 있었다.

부인은 일과 후 헬스장에서 한 주에 3회 정도 운동을 하였으며 때때로 내연남이 픽업을 하기도 하였으나 간혹 예전의 용의주도한 모습으로 돌아오곤 했다.

한번은 추적 중에 내연남을 놓치는 상황이 발생한 적도 있어 포기하고 식당에서 저녁 식사 후 철수하기 위해 나오던 차에 길 건너편에 우연하게 도로에 주차된 내연남의 차량을 발견하여 또다시 밤늦은 시각까지 연장하여 지켜보다 무사히 두 사람을 집으로 귀가도 시켜드린 적도 있었다.

둘은 부천시에서 주최하는 배드민턴 시합에도 같이 참여했으며, 동네 인근의 뒷산도 함께 오르면서 누군가의 미행자를 따돌리기 위해 항상 습관처럼 영화 속의 주인공 행세도 자주 했다. 마치 "날 잡아봐라~!"하며 우릴 놀리는 듯 보였다.

그렇게 술래잡기 놀이에 빠진 리턴 매치 27일째 되는 날이었다.

운명의 날은 그간의 고단한 날들에 대한 보상처럼 우리 앞에 성큼 다가왔다.

찜질방에서 퇴근 후 버스를 타고 귀가하던 중 헬스장으로 바로 들어가 운동부터 하는 듯했다. 우리는 두 팀으로 나누어서 주변에서 대기 중이었다.

차량 두 대가 동원되어 살피던 중 부인은 오후 6시가 넘어서야 헬스장에서 나와 도로변 버스정류소에서 버스를 타는 듯한 포즈를 취하고 있었으나 잠시 후 검은색 베라크루즈가 모습을 드러내자 재빨리 승차하고는 시커먼 배기가스를 퍼부으며 굉음과 함께 떠났다.

허 실장은 간격을 두고 뒤따르고 있었으나 내연남의 차량은 갑자기 불법 유턴을 하고 지하차도 옆길로 빠져 올라 재차 유턴한 후 우측도로변에 비상등을 켜며 차량을 정차하고는 주변을 예의 주시하고 있었다.

미행 차량을 파악하기에는 더할 나위 없이 빼어난 위치선정에 나는 감탄했다.

할 수 없이 우린 직전 하며 주변을 맴돌며 관측원으로 정 팀장을 내려주곤 처음 불법 유턴 지점의 사거리에서 대기하면서 촉을 세워 관망하고 있었다.

그러던 중 교차로에 신호가 바뀌자 쏜살같이 내려와 또다시 불법 유턴을 하며 지하차도 안으로 사라지는 것이었다.

베라크루즈의 뒷모습이 지하차도 안으로 들어가자 1, 2호 차는 잽싸게 따라붙었다.

차량은 국도를 타고 시흥 방향으로 빠지는 듯했다.

어둠이 아스라이 내리고 잔뜩 흐린 날씨는 추격전이 시작되자마자 서둘러 가랑비를 뿌리고 있어 그야말로 최적의 상황이 조합되고 있는 듯했다. 뒤따르는 1호 차의 허 실장에게 연락이 왔다.

신호대기에서 그만 놓쳤다고….

처음이자 마지막 기회 같은 느낌이 강렬하게 다가왔는데 난데없이 신호대기에서 놓치고 말았다니!

아마도 방심한 탓이었으리라 생각하고 일단은 길따라 내려가 보자고 하면서 나는 한편으로는 이 길따라 가면 무엇이 기다리고 있을지 궁금증이 증폭되어 지도를 즉시 확인해보았더니 월곶, 소래포구, 오이도 등으로 압축되었다.

부인의 내일 근무시간을 감안한다면 늦어도 자정까지는 집으로 돌아가야 할 터….

대부도까지는 아니라고 판단하고 다급해지자 별수 없이 철학관 원장님께 나도 모르게 전화번호를 누르고 있었다.

지금 이 순간, 나는 무엇보다도 위로의 말이 절실했다.

원장님은 남서쪽의 이동이 있을 수 있다고 조언했다.

더불어 오늘은 날도 나에겐 아주 좋다고 하면서 20시경에 조우할 수 있을 거라고 말했다. 그리고 오늘이 나에게는 관운이 있는 날이고 의뢰인의 부인에게는 관재수가 있다고 덧붙였다.

"길일은 길일인데…."

"어디 가서 찾을꼬?"

나는 고심 끝에 한 곳을 지목했다.

월곶이었다. 뭔지는 잘 모르지만 강렬한 느낌이 나를 월곶으로 인도하고 있었다. 풀코스로 유흥시설이 갖추어져 원샷으로 해결하고 돌아오기에는 거리상이나 시간상이나 최적의 조건이었다.

무전을 날렸다.

"월곶으로 전부 다 집결할 것!"

넓지 않은 지역이니 이곳에 있다면 찾을 수 있을 거라 말했지만 사실 나 자신도 막막했다. 그러나 문제는 지금 풀어야 했다. 각자 나누어서 돌아다니기를 15분 정도 되었을까⋯. 철학관 원장님의 말대로 20시가 조금 지나고 있을 무렵이었다. 허 실장의 목소리가 들렸다. 빨리 이쪽으로 와달라고 했다. 검은색 베라크루즈를 찾았다고⋯.

"운명의 여신은 내 편에 있었구먼."

현장에 당도하자 도로변에 주차되어있는 베라크루즈가 보였으나 두 사람은 행방이 여전히 모호했다.

다시 주변의 음식점들을 살피기 시작하자 남녀 3쌍의 불륜으로 추정되는 커플이 야외 파라솔 밑에서 바닷가를 뒤로하며 그야말로 오붓한 시간을 즐기고 있는 것을 발견했다. 저녁 9시 반이 되어서야 그들은 자리를 나섰고 발길을 노래방으로 옮기고 있었다.

영양가 있는 장면들을 지속해서 포착하면서 재판도 잘하면 승기를 잡을 수 있지 않을까 하는 생각 속으로 빠져 들어갔다.

잠시 후 그 커플들은 노래방 안으로 사라지고 말았다.

나는 옆방을 빌려야 할 필요성을 못 느꼈다. 그래서 주변에서 계속 기다리기로 했었다. 이들은 자정이 다 되어서야 노래방에서 나와 둑길을 걸어갔다. 술에 취한 내연남은 부인과 온갖 애정행각을 30여 분 정도 벌이다가 대리기사가 당도하여 전화를 날리자 그때야 대리기사 쪽을 향해 함께 걸어갔다.

대리기사는 두 사람을 태우자 자정을 넘은 시각으로 한가해진 국도를 질주하기 시작했다.

"죽기 아니면 까무러치기!"

3대의 차량의 목숨을 건 필사의 추격전이 시작되었다.

이윽고 오류동역 주변의 모텔촌 인근에 차량이 정차하고 대리기사를 보낸 후 둘은 편의점으로 들어가 맥주와 안주를 사는 듯했다.

잠시 후에 두툼한 비닐봉지를 손에 들고는 둘은 차량에 올라 곧장 모텔촌 골목길로 들어섰다. 내연남은 만취된 상태에서 음주운전을 하고 있었다.

A 호텔로 차량이 진입하자 나는 잠시 대기하다가 의뢰인을 호출했다. 상황종료 시점이었다. 28일간의 대장정이 마무리에 다다르고 있었다.

30여 분 후에 의뢰인이 도착했다. 시간은 새벽 2시가 지나고 있었다.

상황 설명 후 112에 신고를 하고 기다리며 안절부절, 갈팡질팡하는 의뢰인에게 나는 우선 지니고 다니는 우황청심환을 먹이고 침착하게 대처하도록 유도했다.

순찰차가 당도하자 호텔의 지배인에게 협조를 구하고 호텔 302호 앞에서 부인과 내연남을 호출하였으나 술에 취한 커플은 결코 문을 열지 않고 경찰관에게 영장을 가지고 오라고 하며 고래고래 소리를 질러댔다고 했다.

내가 동행을 했더라면 음주운전 신고로 출동했다고 즉각 대응하며 내연남을 다그치며 투항하게끔 했을 텐데, 최전방의 현장에서 나는 절대 동행을 하지 않음을 원칙으로 하고 있기 때문에 아쉽지만 호텔 밖에서 지켜볼 수밖에 없었다.

우린 즉시 현장에서 철수해야 했지만, 경황이 없는 의뢰인의 부탁에 할 수 없이 호텔주차장 앞에서 대기할 수밖에 없었다.

한 시간 동안의 지루한 대기 상태로 출동한 순찰경관들은 다른 곳의 상황도 있고 하니 자신들은 이제 철수하겠다고 하며 빠져나갔다.

별수 없이 의뢰인과 나는 부인과 내연남이 나올 때까지 기다림의 시간을 가질 수밖에 없었다.

드디어 새벽 4시 반이 지나자 의뢰인의 부인이 먼저 호텔을 빠져나오고 이어서 5분 후에 내연남이 홀로 나와 차량에 탑승하고 호텔을 떠난 걸 확인하고 난 후에야 나는 철수를 할 수 있었다.

의뢰인에게는 변호사를 통하여 재판부에 오전에 서둘러 증거보전신청 및 사실조회신청을 할 것을 권유했다. 재판부에서의 도움으로 A 호텔의 당일 새벽 1시부터 4시 반까지의 CCTV 영상을 확보한 의뢰인은 이혼소송에서 결국 본인의 의지대로 재산분할의 절대적 우위를 점하게 되었다. 불가능할 것 같은 우리들의 리턴 매치도 28일간의 활동으로 '하려고 하는 의지만 있다면 무엇이든지 가능하다'는 만고의 진리를 남기면서 씁쓸한 막을 내렸다.

제 9 화

특명: 불륜 현장을 반드시 확보하라

쾌락은 짧으나 대가는 참혹하다.

수화기 너머로 들리는 목소리는 꽤 세련된 여성으로, 질문이 간결하고 핵심을 짚어보는 듯하였다.

본인의 시간에 맞춰 삼성동의 인근 카페(의뢰인 지정)에 도착 후 연락을 달라고 하고 통화를 끝냈다.

그해 여름은 유난히 폭우가 많았다.

그날도 옷과 신발이 푹 젖어서야 카페에서 의뢰인을 만날 수 있었다.

의뢰인은 빼어난 미모의 소유자로 차림새에서 풍기는 아우라가 장난이 아니었다. 꽤 능력 있는 여성으로 빈틈이 없어 보였다. 잠시 탐색전이 오고 가다 본론으로 바로 들어갔다.

그녀는 결혼 10년 차로 7살과 6살배기 연년생의 아이가 있다고 했다.

거주지는 고양시 ○○동 ○○아파트라고 하며 남편은 프라이드를 타고 다니며, 직장은 왕십리에 있으나 영업직이라 주로 외부활동이 많다고 했다.

취업도 의뢰인의 소개로 했으며 이전에는 온라인 쇼핑몰을 운영했었고 한때 거기서 알게 된 여직원과 썸씽이 있는 것도 같다고 하면서 그간의 스토리를 들려주었다.

의뢰인의 얘기를 들어보니 조사대상자인 의뢰인의 남편은 상당히 독특했다. 요즘 세상에 이런 게 통할지는 몰라도 보통 평일 저녁이면 밤늦은 시간에 친구 만나러 간다며 집을 나가 새벽녘에 들어오는 경우가 일주일에 3~4회 정도가 되어 가정에는 매우 불성실하다고 했다.

과거에 사업한다고 하면서 재산을 축낸 전력이 있으며 모든 생계유지는 전적으로 의뢰인의 몫이었다.

단서들을 종합하고 즉시 정리하여 메모하면서 간단히 머릿속에서 리뷰해보았으나, 의뢰인의 말대로라면 정말 불알 두 쪽만 차고 밖에 쫓아내도 탓할 사람은 없어 보였다.

미팅과 동시에 의뢰인은 즉시 착수해 달라고 요청했다. 심리학적으로 호감의 상호성의 원리라는 것이 작용했는지 알 수는 없지만, 의외로 나와의 대화는 깔끔하여 상호 간 신뢰 속에서 마무리 지어진 기분이었다.

미팅을 끝낸 후, 나는 젖은 구두를 끌면서 오던 길을 되돌려 지하철역으로 향했다.

지독한 장맛비로 퇴근길은 거의 마비상태였다. 그러나 나의 머릿속에서는 새로운 사건에 대한 구상이 조사 사이클에 맞추어 팽팽히 돌아가고 있음을 즉시 감지할 수 있었다.

다음 날 아침….

허 실장과 박 실장이 함께 내 방으로 들어왔다.

어젯밤 결과가 궁금했던 모양이었다.

그리고는 성공적인 미팅을 감지했는지 현재 진행 중인 사건과 병행하여 진행이 어렵다고 의견을 피력했다.

나는 직접 이 실장과 해결할 테니 필요할 때면 하루 전에만 지원 요청이 들어가면 1개 팀만 추가로 배정하는 선에서 대화를 마무리했다. 대상자인 최○○의 신상털기에 들어가자 과거의 자료들이 속속들이 쏟아져 나오기 시작했다.

나는 현장인 의뢰인의 자택인 고양시 ○○동 ○○아파트 단지 구조와 지하 주차장, 그리고 주 출입문과 보조 출입문 등의 동선을 확인한 후 일산 백석동의 ○○아파트 2단지 내연녀가 거주하는 곳으로 핸들을 돌렸다.

1세대 아파트단지라 단순구조였다.

서너 동이 둘러싸고 가운데 지하 주차장은 달랑 하나이고 나머진 지상 주차장이 전부인 1세대 아파트 구조였다.

차량을 알 수가 없어 일단은 전화번호와 동호수를 기준으로 주차장에 있는 차량을 전부 체크할 수밖에 없었다. 사이버 조사팀에서 차량에 설치된 노트북으로 자료가 이내 전송되었다.

대조작업 중인 우리는 좁은 주차장의 장점인지는 몰라도 십여 분이 지나기도 전에 같은 전화번호가 운전석에 달린 차량을 확인하고 동호수를 읽어냈다.

은색 소나타가 내연녀가 이용하는 차량이었다. 남편은 시외버스 운전기사라고 의뢰인이 귀띔해주었던 사실을 상기했다.

내연녀는 시간이 정말이지 자유로웠다. 바람피우기 딱 좋은 구조를 태생적으로 가지고 있었다.

사이버 조사팀에서 전송된 사진으로 보건대, 내연녀는 얼굴이 이쁘고 몸매도 요염하기 이를 데 없었으며 음기가 흘러넘치고 있는 듯해 보였다.

내연녀는 젊은 사람이라 소셜미디어를 주로 사용하기 때문에 의외로 간단하게 정보를 파악할 수 있었다.

나는 이 실장과 함께 내연녀의 주거지에서 동태를 살펴보면서 신랑을 출근시킨 이후에 모든 역량을 집중키로 하면서 잠복에 들어갔다.

잠복 1일 차.

평범한 쇼핑과 나들이로 일상 주부의 삶이 그대로 녹아내려 보이는 듯했다.

아마도 신랑이 쉬는 날이 아닌가 싶었다.

잠복 2일 차.

내연녀의 화사하게 차린 모습이 몇 놈 홀리기엔 무리가 전혀 없어 보였다.

섹시한 내연녀가 관문을 나서고 있는 모습이 포착되었다. 내연녀
가 탄 차량은 아파트를 나서 외곽순환로를 타고 의정부 쪽까지 넘
나들면서 한가한 공장지대로 들어서는데 내연녀도 거의 준 선수급
으로 추정되었다. 장애물이 없고 시야가 확 트인 곳이라 미행, 감시
자 파악이 수월한 곳으로 들어섰다. 따라들어가자 자그마한 시골
마을이 나타났다.

중소형의 공장들과 어우러져 1960년대 분위기를 풍기는 곳이었다.

주변을 돌고 돌아 마을 입구로 다시 나온 내연녀의 소나타 차량
은 거기서 한적하게 코너 길을 벗어나 주차되어 있었으나 사람은 보
이지 않았다.

"얼레?"

"차량 안에 사람이 없는데?"

그때 저 멀리 움직이는 소형차량이 보였다. 대상자의 프라이드였다.

이들 또한 용의주도한 쉽지 않은 유형으로 다가왔다. 낮 시간대인
지라 매사에 신경을 곤두세우고 있을 터인데….

의뢰인의 말로는 밤늦은 시간에 집을 나서 새벽녘에나 들어온다
했으니 이 시간대에는 굳이 추격의 고삐를 옥죌 필요가 없었다.

자칫 대상자들이 눈치를 채거나 한다면 험한 자갈길로 내던져져
안갯속으로 빠져들게 분명했기 때문이었다.

대상자들에게 느슨한 여유를 보이자 싱거웠던지 한 시간도 되지
않아 프라이드가 돌아와서는 주차된 소나타 옆에 내연녀를 내려주

곤 이내 떠나면서 알 듯 모를 듯 묘한 여운을 남기는 사인을 하곤 시야에서 사라졌다.

둘이서 인근의 음식점에서 식사하고 온 것으로 추정되었다.

내연녀는 곧장 차를 몰아 집으로 들어와서는 오후 시간 내내 모습을 보이지 않고 있었다.

저녁 무렵으로 접어들기 전 준비해간 도시락으로 간단한 민생고를 해결하고는 계속 잠복에 들어갔으나 시침은 잠복 6시간째를 지나 밤 9시를 향하고 있었다.

여름 나절의 햇살이 종적을 감추기까진 많은 시간이 필요했다.

어둠이 내려앉은 ○○아파트 2단지…. 내연녀가 엘리베이터 안에서 미끄러지듯이 살며시 나와 옆 동과 사잇길을 통과하여 단지 앞을 나서자 곧장 프라이드가 당도하면서 내연녀를 픽업한 후 어둠 속으로 쏜살같이 빠져나가 외곽순환로 방향으로 들어서고 있었다.

가속이 붙은 차량은 어둠 속을 질주하다 의정부IC를 거쳐 동부간선로로 접어들었다.

차량이 속도를 줄이기 시작한 곳은 이중 역세권인 군자역 주변의 먹자골목이었다.

대상자의 프라이드는 주택가의 골목길로 접어들었고 어둠이 짙게 깔려 육안식별이 어려울 정도로 보이지 않는 곳에 파킹을 한 후에 인근의 유명 맛집으로 보이는 음식점으로 들어가 두 사람은 정겹게 식사와 반주를 겸했다.

이 실장은 음식점 주변에서, 나는 차량 주변에서 대기하면서 불륜 단절 프로그램이 이 시간 이후로 정상 가동되어 갈등이 마무리되길 간절히 바라고 있었다.

시간은 흘러 22시 30분이 지나자 커플은 음식점을 나섰으나 내연녀는 보이질 않고 의뢰인의 남편만 골목길 안쪽에 주차된 프라이드에 타며 시동을 걸고 있었다.

'부르릉~!'

이건 또 뭘까? 이 커플도 첩보영화에 심취된 것일까?

이를테면 대상자 자신이 본 시리즈 주인공인 맷 데이먼으로 착각하는 듯했다.

드디어 골목길을 빠져나가기 시작하는데 작은 차량이 기동력 또한 대단했다. 이곳을 평상시에도 자주 드나드는 것으로 보였다. 하는 행동과 동선, 그리고 좁아터진 주택가 골목길에서 운전하는 것 등이 예사로워 보이진 않았기 때문이었다.

주택가 골목길 두 번째 사거리에서 꺾어질 때 즈음 대상자 차량인 프라이드가 갑자기 멈췄다.

그러자 어둠 속에서 뭔가 불쑥 튀어나오면서 프라이드의 조수석 문을 열고 누군가 급히 승차하는 모습이 시야에 들어왔다. 내연녀인 게 분명했다. 프라이드는 골목길을 돌고 돌아 대로로 접어들어 이내 아차산역을 지나 천호대교를 넘어서더니, 천호역을 끼고 우회전하며 속도를 올리며 습도로 불쾌감이 극도에 달하고 있는 밤길을 내달리기 시작했다.

좌측으론 올림픽공원이 펼쳐져 있었고 조금 더 가면 몽촌토성역이었다. 이윽고 차량이 들어선 곳은 방이동의 모텔촌이었다. 방이중학교 인근은 왜 이리도 모텔이 많은지…. 모텔 골목에 들어섰는데 프라이드는 아예 자취를 감추어 우리의 시야에서는 이미 사라지고 없었다.

"아뿔싸!"

현장에서 상황판단은 가급적 짧은 시간 내에 교통정리가 필수적이었다.

지체할 시간적 여유가 없었다. 누구든 현장까지의 이동시간을 생각해야 하기 때문이다.

즉시 허 실장을 불러 지원 요청을 했다. 그 시각 허 실장팀은 다행스럽게도 미사리 쪽에서 대기 중이라고 했다. 두 대의 차량과 급조된 커플을 만들어 모텔출입을 시도하면서 주차장에 혹시 있을 줄 모르는 프라이드와 술래잡기를 시작했다. 20여 분이 지나자 허 실장에게서 무전이 왔다.

"사장님! 찾았습니다."

얼마나 반가웠던지….

허 실장이 난제를 해결했단다. 이런 걸 천운이라 해야 하나….

운이 정말 따랐는지 사건 수임 3일째 되는 날에 원하는 작품을 완성해 내는 순간이었다. 명탐정이란….

인내심, 본능(촉), 운, 이렇게 세 가지 요건이 반드시 수반이 되어야 가능하다고 했는데 어떻게 보면 나는 그래도 매번 지독히도 운이 좋았던 게 아닐까 늘 생각했다.

즉시 모텔 앞에 진을 치고는 의뢰인에게 전화를 걸었다. 시간은 자정을 넘기고 있었다. 의뢰인은 즉시 현장으로 차를 몰고 나와주었다.

이 실장은 현장에서의 주의 사항 등 요령을 의뢰인에게 숙지시키면서 최대한 진정할 것을 당부했다.

경찰은 부르지 않는 것으로 의뢰인이 현장 상황을 정리해주었다. 남편을 잘 알기 때문에 굳이 머리 아프게 복잡한 상황을 만들 필요가 없다고 애써 해명했다.

거의 네 시간이 지난 새벽 세 시쯤에 모텔에서 빠져나오는 프라이드를 보자 나는 즉시 우리 쪽 차량을 몰아 출입구를 막았고 의뢰인은 프라이드의 조수석 문부터 열어젖히며 내연녀를 확인하고 싸대기를 올려붙였다. 대다수는 대상자가 탑승한 운전석 문부터 먼저 열어젖히곤 한다. 이럴 경우, 조수석의 탑승자는 문을 열고 바로 도주하기 때문에 이 실장이 사전에 현장 대처 요령을 의뢰인에게 숙지를 시켜주었던 것이었다.

그 절체절명의 순간, 내연녀도 즉각 발악하기 시작했다. 발정난 암캐의 모습 그대로였다. 방귀 뀐 년이 성낸다더니…. 참 세상 우습다.

의뢰인의 남편은 모든 것을 체념한 듯해 보였다. 마치 '진작 걸렸으면 더 좋았을 텐데….' 하는 듯 그저 처분만 기다리고 있었다. 상황이 종료된 시간은 이로부터 1시간여가 지난 새벽 4시쯤이었다.

철수를 지시하는 나를 불러 의뢰인은 오늘은 너무 피곤하니 다음

날 만나자고 하면서 곧장 차에 올랐다. 의뢰인을 떠나 보낸 우리 일행은 사무실에 도착하여 샤워를 끝내고 나자 새날이 밝아오고 있었다.

책상에 앉아 종일 영상 편집과 정리된 메모 등을 삽입하며 또 다른 연장 근무에 나서 저녁 무렵에서야 의뢰인에게 건네줄 보고서가 완성되었다.

다음날 점심시간이 지나자 이번 사건을 종결키 위해 의뢰인을 만나 보고서를 제출하자 의뢰인은 매일 늦은 시간까지 자기 일처럼 최선을 다해주어 아주 고맙다고 하면서 별도로 직원회식비로 쓰라고 하면서 봉투 하나를 더 내밀었다.

극구 사양하자 의뢰인은 자신의 마음이니 개의치 말고 그냥 받아두었으면 좋겠다고 말했다. 나는 더 이상 아무 말 하지 않고 조용히 자리를 빠져나왔다.

모처럼 전 직원들이 안양천 변의 우리네 단골주막인 빈대떡 집을 장악하고는 코다리 찜에 김치전을 1+1으로 내어주는 주인장 서비스에 엄지손가락을 내세우며 사인을 보냈다. 우린 깊어가는 여름밤을 막걸릿잔에 기대어 잔잔한 웃음을 만면에 띄우며 무더위 속에서 더 깊숙이 어둠 속으로 빠르게 빠져들고 있었다.

'운 좋은 날!'

나는 다이어리에 그날의 사건을 함축하여 그렇게 적어놓았다.

제 10 화

상습적인 채무면탈회사 찍어내기…

조 회장으로부터 연락이 왔다.

바쁘지 않으면 구로디지털단지 내에 있는 A라는 회사를 방문하여 상담해줄 것을 요청해왔다.

대표이사의 이름과 전화번호를 문자로 받고 즉시 연락했다. 의뢰인은 방문지 주소와 회사명을 알려주면서 가급적 화급을 요하는 일이라 금일 오후 3시까지 방문을 해줬으면 한다고 얘기했지만, 나에게는 명령조로 들렸다. 서둘러 준비를 마치고 차에 올랐다.

가산디지털단지 내 사무실까지는 차량으로 10분 정도의 거리에 있어 작업 중이던 민간조사 관련 실무교안을 잠시 접어두고 늦은 점심식사를 끝내자 곧장 방문지 주소를 내비게이션에 입력하고는 출발을 서둘렀다.

지하 주차장에서 8층으로 향하는 엘리베이터에 올랐다. 다른 때 같으면 사전 정보수집이라도 하여 상대방에 대해 예습이라도 하고 갔을 터인데, 오늘은 왠지 방문하는 곳이 뭐하는 회사인지 별반 궁

금하지가 않았다. 사무실 내로 들어서자 나는 안내데스크와 마주
하게 되었다.

박○○ 대표님을 만나러 왔다고 하자 인터폰으로 확인 후 즉시
대표이사 룸으로 안내해주었다. 박 대표의 내미는 손을 마주 잡고
앉자마자 재무담당 부서장이 와서 브리핑을 시작했다. 상황이 급하
긴 급한 모양이었다. 내용인 즉슨 대충이랬다.

자신들과 거래하던 B 회사로부터의 물품대금 2억 원 정도를 받지
못하여 작년 10월 법원에서 소송을 제기하여 채무명의는 얻었다고
한다. 그러나 소송이 진행되던 중에 거래회사 B는 사업자등록을 폐
업 신고하고 자취를 감춰버린 사실을 뒤늦게 안 것이었다.

채무명의를 확보한 박 대표의 회사 담당자는 B 회사 주변에서 탐
문 결과 채무를 면탈할 의도가 있음을 감지했다. 그는 급기야 동일
상가 내의 다른 장소에서 B 회사가 새롭게 설립된 법인 C를 가지고
태연하게 운영 중인 것을 알게 되었으나 입증방법이 문제였다.

난제에 직면하자 박 대표 회사의 담당 변호사는 C를 상대로 소송
을 준비하는 과정에서 채무면탈이 고의적임을 감지했고, 민간조사
업체에 의뢰할 것을 박 대표에게 권유하게 되어 현재 상황에 이르
게 된 것이었다.

이윽고 박 대표는 C 회사를 상대로 소송에 승소할 수 있는 결정
적 증거를 수집해달라고 요구해왔으며, 내가 제시하는 진행 비용
문제로 다소 의견 차이가 있자 박 대표는 회사 내부적으로 조율을
거친 후 조사 여부를 결정하여 통보하겠다고 했다. 나는 그렇게 진

행하시는 게 무리가 없을 것 같다고 하며 서둘러 사무실을 빠져나와 조 회장에게 간단하게 미팅 결과를 보고했다.

그 해는 유난히도 무더위가 기승을 더 부렸고 장마철까지 겹쳐 높은 습도에 불쾌감은 최고치에 이르고 있었다. 밤이면 열대야로 잠을 이루기가 어려울 정도라 민간조사 관련 실무교안 작성이나 기타 진행하던 서류 작업 등을 해야 했으나 모든 게 귀찮게 다가오고 의욕조차 사라졌다. 그야말로 무기력함이 전신을 압도하고 있었다.

다음 날 아침….

박 대표에게서 전화가 왔다. 회사 내부적으로는 이번 사건에 대해 증거 수집에 모두가 찬성한다니 금일 오후 늦어도 4시까지 방문해서 계약을 체결하자고 했다.

즉시 조사에 나서야 한다는 전제 조건을 덧붙였다.

나는 서둘러 사실 조사계약서를 작성하여 조목조목 검토 후에 3시쯤 방문할 예정이었으나, 박 대표의 급작스런 출장 계획으로 2시로 시간이 좀 더 앞당겨졌다.

계약서에 서명을 마치자 박 대표와 재무담당 부서장은 헤어지면서 결정적 증거를 꼭 수집하여 좋은 소식을 알려줄 것을 신신당부하였다.

나는 그간의 소송자료를 시작으로 하여 관련 자료들을 면밀하게 검토하기 시작했다.

저녁 무렵 입금처리가 되었다고 재무담당 부서장으로부터 연락을 받았다.

더불어 진행경비를 전액 일시불로 완납 처리해주었으니 반드시 좋은 결과로 보답해달라는 말도 잊지 않았다.

밤을 새워 기록들을 살펴보면서 왠지 B 회사의 정○○ 대표라는 사람이 궁금해지기 시작했다. 그러나 어디에서도 그의 흔적은 찾을 수가 없었다.

일단은 정 대표의 분당 자택과 가산디지털단지 내의 C 회사에서 잠복하며 살펴보기로 마음먹고 조사 수임 사흘째가 되는 날, 아침 일찍 천당 아래 분당이라는 동네의 고급 아파트단지를 찾아 정 대표의 집 근처에서 잠복에 들어갔다.

AM 8:20에 정 대표가 벤츠를 몰고 출근길에 나서는 모습이 포착되었다.

담배 연기를 길게 내뿜는 그의 얼굴이 피해자들의 모습과 대비되자 나는 다소 흥분되기 시작했다.

예상과는 달리 외곽순환도로가 아닌 분당–서울 간 전용도로에 들어서자 벤츠는 속도를 올리며 무섭게 내달리며 마치 '따라올 테면 따라와 봐' 하는 듯 비웃고 있는 것 같았다.

"새로운 노선인가? 아니면 다른 볼일이 있나?"라면서 느긋하게 미행을 즐기면서 거리를 두고 벤츠의 행적을 따라 추적하기 시작했다. 행선지는 용산의 전자상가였다.

재빠르게 정 대표를 추적하여 그의 또 다른 회사로 추정되는 D 라는 상호의 업체를 확인하게 되었다. 멀리서 바라보다 즉시 이 실장을 투입하기로 하면서 촬영장비를 즉시 이 실장에게 안전하게 장착시킨 후 명함 등을 준비했다. 그리고 지방에서 상경한 피시방 업주처럼 연기해 잠행하게끔 잠시 예행연습을 거친 후에 D 회사에 방문하여 즉석 상담을 해볼 것을 지시했다.

물론 주변의 몇 군데 업소를 먼저 방문한 후 팸플릿을 상대방이 잘 보이게끔 하며 들어갈 것도 잊지 않고 말했다.

모든 것은 순조로웠다.

이 실장은 D 회사의 상담 견적과 담당자의 명함 등을 받아 철수했다.

정 대표는 용산상가에서 머무르다 오후 2시쯤 나와 가든호텔의 휘트니스 클럽에서 약 2시간 정도를 있었다. 그리고 오후 4시에 마포대교를 건너 여의도를 관통하여 가산디지털단지로 향해 가는 듯 보였다.

C 회사가 위치한 가산디지털단지에서는 업무보고와 결재만 하는 듯했다.

대략 1시간 정도를 C 회사에서 머무르다 빠져나와 서부 간선로를 접어들어 조남 분기점을 통과하여 판교 방향으로 핸들을 틀었다. 저녁 퇴근 시간의 번잡함을 피하기 위한 것으로 느껴졌다.

분당으로 들어서자 그는 누구와 선약이 있었는지 고급음식점이 즐비한 곳으로 들어서 안내를 받으면서 실내로 들어가는 모습이 포착되었다. 그러나 그날은 비즈니스를 떠난 가족 모임이 있는 것 같았다.

저녁 9시가 지나자 십여 명의 많은 사람이 쌍쌍으로 나오는 가족들의 모습을 보고는 당일 조사를 끝내고 철수하여 오전에 용산에서 촬영된 영상을 집중적으로 분석해보았다.

사실 조사와 분석의 마무리 작업에서는 수집된 정보들을 정리해 낼 줄 아는 힘이 반드시 필요했다. 그러나 요즘의 젊은 신입 조사원들은 그렇게 생각하지는 않는 듯하다. 과거 방식으로 내가 수배자를 잡는 방식은 그때는 잘 통했는지 모르지만, 지금의 조사원들에게는 불필요한 방식으로 여겨질 수도 있는 터라 나는 이 밤에 혼자서 영상 자료를 분석할 수밖에 없었다. 곰곰이 생각해보며 잠시 머무르는 상황만으로 같은 회사로 치부하기에는 너무 거리감이 느껴졌다.

기존의 회사인 B 회사와 C 회사의 연관성과, 새롭게 등장한 D 사와의 연결고리를 우선 서류상으로 찾아내는 게 급선무였다.

조사 5일째 되는 날이었다.

나는 조사에 즐겨 쓰는 정보 소스 중 하나인 대법원 인터넷 등기소로 접속했다.

먼저 B 사의 대표이사로 등재된 정 대표의 주소지, 부동산 등기부를 열람했다. 이전 주소지까지 등기부를 추적해 들어가자 새로운 사실들이 하나하나 눈에 들어오기 시작하면서 사건해결의 실마리가 드디어 풀리는 듯했다.

과거 세 곳의 주소지 부동산에서는 채무자로 정 대표의 부동산을 담보로 제공받은 기업들이 제법 많이 쏟아져나왔다. 조사는 점점 더 활기를 띠기 시작했고, 증거 수집의 확률은 한층 기대치를 올라갔다.

정보 수집이 일단락되자 나는 다음 단계로 자연스레 이동했다. 이제는 지금까지 수집된 자료를 분석하여 검증한 연후에 해결 방법을 모색할 타이밍이었다.

검증 작업으로는 첫째, 법인과의 연관성을 파헤치는 것이 급선무였다.

정 대표가 담보로 제공한 등기부상 채무자로 등록된 법인의 등기부 확인에 들어가자 최초의 시작점은 15년 전인 1997년으로 거슬러 올라갔다.

정 대표는 청계천의 세운 상가에서 젊은 시절 점원으로 일하면서 어떻게 하면 자신의 부를 쉽게 축적할 수 있을지를 익히 터득해 온 사람으로 비쳤다. 그는 1997년에 최초 법인을 설립하면서부터 작업을 해온 흔적이 눈에 들어왔다.

그는 채무면탈을 위해 아주 고전적 수법을 상습적으로 사용하며, 협력 업체들에게 민폐를 끼친 그와 관련된 법인이 자그마치 8개였다.

검증 및 판단에 착수한 나는 사흘 밤낮을 자료와 씨름했다. 하늘도 나의 이 같은 피나는 노력을 가상하게 여겼던지 드디어 수수께끼 같은 퍼즐을 완벽하게 풀어냈다. B, C, D사와의 완벽한 연결고리를 입증해줄 근저당권을 파악하자 정 대표와 그의 부인, 그리고

처제, 동서, 처남 등 친인척이 총동원되었다는 사실을 캐냈으며, 심지어는 심복 직원 명의의 회사도 발견할 수 있었다.

그리고 사이버 조사팀에서는 온라인상의 할인판매장에서 B, C, D사의 연결고리 등을 빼놓지 않고 밝혀냈다. 증거자료들을 차분히 정리하면서 나는 법정에 제출할 자료들의 보고서 작성에 매진했다.

정 대표는 과연 8개의 법인을 통하여 얼마나 많은 회사들의 물품대금채무를 면탈했는지 궁금해지기도 했지만, 조사자는 의뢰받은 부분까지만 하면 아무런 문제가 없었다. 더 이상의 추적은 의미가 없었다. 법정에서 낱낱이 밝혀내 줄 것이기 때문이었다.

조사보고서는 작성하기에 따라 평가절하되어 절반으로 가치가 폭삭 떨어질 수도 있기 때문에 심혈을 기울여야만 몇 배의 가치를 지닌 보고서로 태어날 수도 있어 신중에 신중을 기했다. 이미 소송은 진행 중이었고 증거 입증은 기일 전에 제출해야 해서 무엇보다도 한시가 급했다.

정리가 된 보고서를 의뢰자인 박 대표를 찾아 건네면서 설명하자, 그는 즉시 재무부서장을 호출하여 동참하도록 지시했다. 그들은 침묵 속에서 나의 입이 떨어지기만을 기다리고 있었다.

곧이어 상황전개를 한 방에 역전시킬 수 있는 히든카드를 내가 뽑아내자 사무실 안은 미소로 가득해지기 시작했다. 박 대표는 한참 동안을 보고서 확인을 하더니 이내 보고서를 테이블 옆으로 내려놓으며 진심 어린 감사하다는 말을 했다. 그 말도 얼마나 많이 늘어놓았는지 헤아리기 어려울 정도였다. 박 대표의 사무실을 나오면서 나는 새털 같은 발걸음에 구름 위를 사뿐히 나는 듯했다.

"아, 이럴 줄 알았으면 결정적 증거 제출 시 성공보수를 조건에다 넣을 건데…"

동시에 내가 잘못 계약했나 하는 생각이 허공에서 맴돌고 있었다. 인간은 늘 상 양면성을 품은 채 자신이 처한 상황이 좀 더 유리하게 전개되면 이렇듯 변하는 법이다. 야누스의 얼굴이 내 가슴 안에서 날카로운 이빨을 드러냈다.

이제 박 대표의 회사는 물품 대금회수에 아무런 장애가 없이 '수금 전선 이상 없음!'으로 일기예보가 흘러나올 것이었다.

제 11 화

++탐정

예방은 언제나 치료보다는 상책이다.
투자는 자신이 아는 분야에 아는 만큼만
투자하는 것이 기본임을 잊지 말자.

상당 기간 혼자서 탐색전을 하다 가슴앓이하면서 의뢰를 할까 말까 기회를 엿보던 구의동의 사모님이 드디어 마음의 결심을 했는지 5호선의 광나루역 인근 M 카페로 15시까지 꼭 좀 나와달라며 SOS를 청했다.

그간 수차례 전화를 해왔으나 못내 비용이 부담스러웠으리라 생각은 했으나, 이제는 미룰 수는 없는 사안인지라 어느 정도의 자금 확보와 동시에 곧장 진행이 필요한 급박한 것으로 추정되었다.

언제나 그렇듯이 약속시각 15분 전에 도착하여 이 실장과 카페에서 기다리자 이내 의뢰인이 그늘진 모습으로 나타났다. 먼저 무엇을 드시겠느냐고 물어오자 나는 서슴지 않고 '아이스 아메리카노'하고 응답했다. 카운터에 가서 의뢰인은 아이스 아메리카노 3잔을 주문하고 자리에 앉았다. 무더위가 기승을 부리던 8월 하순, 구의동 사모님 사기 사건은 이렇게 시작되었다.

의뢰인의 거주지 아파트 단지 내에 살면서 오랜 지인의 투자회사에 근무하고 있다는 유○○를 알게 되어 서로가 언니 동생 하는 막역한 사이가 되었다. 의뢰인은 남편 몰래 결혼생활 30여 년 동안 알뜰히 모아온 비자금 4억여 원을 매월 5%의 이자와 6개월 후 원금에 30%의 이익금을 불려주겠다는 유 씨의 권유에 못 이겨 투자했고 사기를 당했다. 좀 더 자세한 사건의 개요는 이랬다.

유 씨는 A라는 회사에 투자하면 이 회사가 코스닥에 상장된 B 기업과 인수합병을 할 것이니 자연스레 고수익이 발생하게 되어있으며, 또한 그 상장사의 유상증자와 전환사채에 투자하여 단기간에 높은 수익금이 보장된다고 거짓으로 주변의 투자자들을 모집하여 투자금을 편취한 것이었다.

이들의 사전 공작을 감지하지 못한 가정주부들은 고스란히 유 씨가 소개하는 전문가들이라는 그룹에 휩쓸려 그들이 사전 치밀하게 동원된 주변 인물들에게 지방 공장 답사는 물론 그들의 시나리오대로 이탈자 없이 그들의 뜻대로 움직여 주게 되었다. 그러나 대개의 사기 사건처럼 처음 3개월 동안은 이자 등이 안정되게 지급됐고 투자자 중에서는 고수익에 눈이 돌아가 은행 대출까지 받아가며 참여한 사람들도 많았다고 의뢰인은 얘기했다.

그러다 이자 지급이 4개월 차부터 차일피일 미루어졌는데, 구의동 사모님은 유○○를 믿고 그동안 자신에게 잘 대해주었던 그녀에게 설마 무슨 일이 일어날 것이라곤 도저히 상상키 어려웠다고 토로했다.

유○○를 비롯하여 당시 주변 인물들조차 모두 사라졌으나 의뢰인은 마지막까지도 그녀가 절대 그럴 사람이라곤 생각하지 않았다고 했다. 그러나 유○○가 일했던 강남의 사무실도 사건이 터지고 투자자들이 몰려들기 시작하자 잘 짜인 각본하에 움직였던 이들도 행적이 묘연하게 되었다.

알고 있는 연락처도 이미 결번 상태로 나오자 의뢰인은 즉시 경찰에 사기 사건에 대해 고소를 하여 조사가 진행되었지만, 이들의 실체는 좀처럼 드러나지 않고 있었던 터라 수소문 끝에 나를 찾아오게 된 것이었다.

지체하다 보면 수렁에 빠질 것으로 생각되었기에 먼저 의뢰인은 조사비용에 대해 조심스레 얘기를 꺼내기 시작했다.

"유○○를 만약 찾지 못하면 어떻게 할 것이냐?"/ "찾을 수는 있느냐?"/ "찾는다 해도 투자금을 회수하지 못하면 어떻게 되느냐?" 하며 조바심을 내고 있는 모습이 역력해 보였으나, 나는 조사해보기 전에는 무어라 말씀드리기 곤란하다고 하면서 의뢰는 하지 않아도 좋으니 곰곰이 생각해보시고 결정하여 통보해 달라고 말하며 자리를 나섰다. 퇴근 시간이 훌쩍 지났으나 도로 위의 자동차에서 뿜어내는 열기는 늦더위와 맞물려 짜증을 더하고 있었다.

다음날 오전 중에 의뢰인으로부터 연락이 당도했다. 간밤에 최종 결정을 굳혔는지 보안유지를 신신당부하는 것과 더불어 진행 경비를 전달하며 사건에 단서라고는 유일한 이미 결번 처리된 휴대전화 번호를 넘겨주었다. 사실 이런 유형의 일들은 비일비재했다. 알려지지만 않았을 뿐….

사무실에 당도하자마자 즉시 조사에 착수하며 구글에서 전화번호를 입력해보자 강원도 ○○시 산악회 카페에 흔적들이 나타났다. 나는 긴장하며 몰입하기 시작했다.

결국, 여기서 과거 유○○의 닉네임과 활동 내역, 사진 등을 찾아 대상자를 특정하고 자신의 집 앞에서 눈 내리는 장면을 촬영한 사진 석 장을 결정적 단서로 발견했다. 사건은 급물살을 타기 시작했다.

온라인에서 획득한 유익한 정보들에 나의 지식과 지혜가 더해지고 경험이 수반되자 추출된 정보는 즉시 가치 있는 고급정보로 변모했다.

거주지는 대략 강원도 ○○시 ○○동과 맞물려있는 5개 동으로 대략 압축되었고, 즉시 ○○시에 닷새 정도의 일정으로 이 실장을 먼저 떠나 보냈다. 나는 다음날 도로가 한가해지는 시간인 오전 9시경에 산 좋고 물 좋은 강원도를 약 3시간여의 주행 끝에 도착했다. 예상되는 현장에서 먼저 전날 도착한 이 실장과 조우하고는 즉시 작업에 착수했다.

이 실장은 가공된 정보를 바탕으로 면밀하게 사전 현장조사를 추가해놓아 나타난 동선대로 돌아보기로 했다. 먼저 사진을 들고 배달의 기수(중국음식점, 피자점, 치킨 점포, 퀵서비스, 택배회사 등)들에게 보여주면서 사진 속과 일치하는 현장을 제보해주는 사람에게 50만 원의 포상금을 약속하며 결과를 기다렸다. 다음날 점심 무렵, 피자가게 배달사원에게서 낭보가 울려왔다.

예상대로 근린생활시설 및 단독주택이 흩어져 있고 동시에 공원까지 있는 근처에서 유○○는 살고 있었다. 그가 사는 사진 속의 집을 길 건너편 공원의 지대가 높은 곳에서 망원경으로 살펴보자 피자가게 배달사원이 지정한 주소의 현장과 정확히 일치하고 있었다.

사건은 해결의 칠부능선을 넘어가고 있음이 감지됐고, 이 실장과 나는 즉시 출입문 시야 확보가 원활한 곳에 주차하고 잠복에 들어갔다. 그러나 별다른 소득은 없었고 저녁 무렵에 나는 집 앞 공원으로 올라가서 무성한 숲을 헤치고 다소 높아 보이는 능선 자락에서 집안을 망원경으로 살폈다. 불빛 아래 바삐 움직이는 주부의 모습이 눈에 들어왔다. 대상자인 유○○로 특정할 상황은 아닌 듯하여 확인 및 검증 작업은 다음날 새벽 시간을 이용하는 게 무난해 보였다. 이 실장에게 오늘은 이만 철수하고 내일 새벽 6시경에 현장에 와서 주변에 주차된 차량과 전번부터 체크해보는 게 좋겠다고 하며 숙소로 찍어둔 10분 거리에 있는 불가마 찜질방으로 향했다.

찜질방에서 차량 주차를 하고 인근 지역의 상가에서 늦은 저녁을 해결한 뒤 불가마에 몸을 의지하며 흘러내리는 땀을 연신 훔쳤다. 빠른 속도의 진행에 안도의 숨을 쉬며 그간 새롭게 파악된 자료를 머릿속에 떠올리면서 나름대로 가설을 세우고 대상자에 더욱더 밀착해 들어가기 시작했다.

조사 3일 차.

05시 50분경에 주변 현장에 도착하여 주차된 차량을 하나하나

점검하자 근린주택 앞에 주차된 1톤 봉고 화물트럭에 메모된 전번의 마지막 네 자리가 낯익은 번호로 포착되었다. 곧바로 확인 작업에 착수하여 유○○와 끝 번호가 일치한다는 결론에 다다르자 남편의 전화번호로 정리했다. 그리고 봉고 트럭 차량 인근에 주차공간이 확보되자 즉시 조사 차량을 이동, 주차하며 관문을 확보하였다.

차량 내에서 대기에 들어가기를 20여 분, 작업복 차림새에 공사 현장 근로자로 보이는 오십 대 중반의 검게 그을린 남자가 차량으로 다가서 화물칸에서 작업 도구들을 꺼내 정비하는 모습이 포착되었다. 이윽고 그토록 확인하고 싶었던 유○○가 드디어 모습을 드러내며 남편의 출근을 돕자 이번 사건 해결의 실타래가 풀리는 듯했다.

남편이 출근하고 유○○는 이내 3층의 집으로 올라가자 나는 서둘러 출입문 쪽으로 다가섰으나, 쉽게 통과를 하기는 어렵게 전자 도어 키가 가로막고 있었다. 하는 수 없이 내부를 살펴보자 우편함이 안쪽에서 방긋방긋 웃으면서 반기는 듯하였다.

현장 근무 시에는 편안한 식사는 꿈도 꾸기 어렵다. 일단 현장에 도착하면 가까운 곳에 사용 가능한 화장실부터 확보하고 편의점이나 김밥 코너 등을 체크하여 생리적인 현상을 해결하는 게 무엇보다 중요한 일이었다.

차량 내 잠복이 6시간이 지나고 우체부의 오토바이가 당도하는 것을 포착했다. 작동 중인 캠코더의 줌 기능을 극대화하며 출입문의 비밀번호 네 자리를 당당히 누르고 있는 우체부의 모습이 뷰파

인더를 통해 확인하고 잽싸게 비밀번호를 기억해두었다. 우체부 오토바이가 현장을 떠난 5분 후, 나는 출입문에 다가서 네 자릿수 번호를 입력하며 "열려라, 참깨!"를 속으로 외치자 경쾌한 멜로디와 함께 문이 열렸다. 우편함을 확인하고 내용물들을 수거하여 촬영 후 다시 제자리에 돌려놓는 것도 잊지 않았다.

깔끔하고 조용하게 대상자에게 접근하며 2, 3층으로 오르자 층마다 세 가구씩 세입자가 구성되어 있었고 맨 위 4층은 주인 세대가 거주하는 것으로 보였다.

계단에서 외부를 바라보자 공원 쪽이 보였고 다시 공원으로 나가 언덕에서 거실 차창에 놓인 화분들을 사진 속과 대조하자 2년 전의 사진과 판박이였다. 유○○는 집에서 살림하는 여자로 보이지는 않았다.

살림하는 여자들은 가끔 집안 내 분위기도 자연스레 연출하곤 하는데, 대상자는 그럴 여유가 없는 듯하였다. 외부와 내부를 비교하자 어렵지 않게 주거하는 호수는 특정할 수가 있었다. 남은 일은 대상자의 정확한 신원 확인이 수반되어야 했다. 의뢰인은 대상자의 실명과 확인 가능한 정보를 요구하고 있었으니까….

13시가 되자 대상자는 외출 복장으로 단정하게 차려입고 집을 나섰으며 최대한 은밀하게 뒤를 따르자 2km 정도를 걸어서 지역의 중심상가 쪽으로 방향을 잡는 듯하였고 여기저기 평범한 주부처럼 기웃거리더니 W 은행 자동화 코너로 들어가는 모습이 시야에 들어왔고 길 건너편 도로에 나는 차량을 정차하고 기다렸으나 유○○가

나오는 모습은 시간이 흘러도 좀처럼 보이질 않았다.

십여 분이 지나자 뭔가 잘못되고 있는 듯한 느낌이 본능에 따라 다가오자 이 실장에게 즉시 은행 내부로 들어가 보라고 지시했다.

아뿔싸! 1층의 자동화 코너를 끼고 은행의 일반 업무는 2층에서 처리하고 있었으며 유○○는 보이지 않는다고 다급한 목소리가 전화기 밖으로 징징 울려댔다.

나는 은행 2층에서 외부로 나가는 문이 있는지 확인해보라고 하며 상가 건물로 내달리기 시작했다. 복잡한 중심 상가는 유동인구도 많아 식별이 쉽지 않아 애를 먹을 수밖에 없어서 W 은행 메인 입출구로 달려가는데 골목길 건너 옆 건물 출입구에 뒷모습이 유○○와 비슷한 모습이 시야에서 사라지는 듯했다.

뒤따라 들어갔으나 10층의 대형 상가건물에서 대상자를 찾아내기란 여간 난제가 아니었다. 나는 층층을 작게 분할하며 확인 작업에 들어갔다. 이 실장에게서 연락이 왔다.

W 은행의 2층에서 상가 빌딩 중앙통로로 엘리베이터 쪽으로 연결되는 별도의 문이 있다는 것이었다. 나는 즉시 앞 건물로 넘어와서 체크포인트 1인 관문을 지키라고 지시했다.

그러나 우린 결국 눈앞에서 유○○의 행적을 놓치고 말았다. 사실 오늘은 나름대로 수확도 있었으니 크게 신경 쓸 필요는 없었지만, 그래도 못내 한없이 아쉽기만 했다. 내부까지 들어가서 전체 건물을 확인하기란 불가능했다.

오늘 일정은 여기서 접어야만 했다.

"포기하는 게 많으면 얻는 것도 많다."

여유 시간이 생기자 차제에 식사라도 제대로 하기 위해 이 실장과 발걸음을 돌리면서 식사 후 대상자 집 주변에서 계속 기다리기로 하고는 인근 주변 상가들의 특징과 연결도로 관문 등을 분석했다. 그 후에 대상자의 집 주변으로 다시 돌아와 잠복에 들어가자 18시경이 지나고 봉고 화물트럭이 집 근처에 주차하는 모습이 눈에 들어왔다. 남편의 퇴근하는 모습이었다.

그는 손에 들린 비닐봉지에 고구마로 보이는 물건을 가지고는 3층으로 올라갔다. 아직 대상자인 유○○는 집에 들어오지 않는 상황이었다.

19시 30분쯤 택시에서 내리는 유○○가 시야에 들어왔으나 곧장 집으로 들어가버려 우린 잠시 여유시간을 갖게 됐다. 나는 잠깐 잊고 있었던, 낮에 사무실의 사이버 조사팀에서 조사한 해당 주소지의 등기부등본의 내용을 확인해보았다.

남편으로 추정되는 김○○의 전세권 등기가 등재되어 있어 당사자 간에 절충만 잘 이루어진다면 자금의 일부 회수는 큰 문제가 될 것 같지는 않아 보였다.

오랜 현장의 감이랄까….

추적 4일 차가 되었다.

남편과 대상자는 아침이면 여느 때와 다름없이 반복적인 생활 방식을 보이고 있었고 대상자가 집을 나서는 시간대가 오늘은 11시

40분으로 당겨졌다.

대상자는 어제와 같은 행보를 보이며 중심 상가 쪽을 돌더니 의류 판매장 쪽에서 시간을 보낸 뒤 전자제품 대리점에 들러 또 아이쇼핑을 하였고 상점 등을 계속 드나든 끝에 14시경에 S 대형학원으로 들어섰다. 그 모습을 확인하고는 나는 주변에서 제일 안전하게 통제가 가능한, 길 건너 50여 미터 떨어진 A 종합병원의 산책길 벤치에 임시 전진 초소를 세우고 학원 출입구가 한눈에 들어오게끔 했다. 이 실장은 학원 내부로 즉시 투입되었다.

어제와 같은 오류를 범하고 싶진 않았는지 이 실장은 후문 쪽에서 차량 진출입이 가능한 곳이 있으며 지금 대상자가 휴게실에서 다른 여자 네 명과 어울려 잡담 중이라고 전해왔다.

알 수 없는 노릇이었다.

14시 30분.

이 실장으로부터 다급한 목소리가 들려왔다.

건물 뒤편 주차장에 중형버스가 5대 있는데 대상자를 포함한 다섯 명의 여자들이 학원버스에 탑승한 것으로 보이는데, 정확하게 어떤 차량에 탑승했는지는 확인을 하지 못했다고 전했다.

예상치 못 한 일들이 갑작스레 전개되었다. 잠시 후, 학원버스가 얼굴을 내밀기 시작했다. 5대의 버스는 각각의 노선이 있을 터…. 이 실장으로부터 재차 연락이 왔다. 4번째 차량이 대상자가 탑승한 것으로 추정된다고 했다. 나는 즉시 벤치에서 일어나 대기 중이던 차량에 탑승하고는 중앙선을 넘나들고서야 노란색의 25인승 미니버스에 꼬리를 물었다.

아이패드로는 주변의 확대지도를 보면서 노선을 체크해나갔다. 수강생들을 태우러 다니는 게 확실해 보였다. 노선을 따라 예상 동선을 살펴보니 푸르지오 아파트단지 입구가 눈에 들어왔다.

학원 버스가 아파트 입구로 움직일 것을 예상하고는 우회하여 먼저 푸르지오 입구에서 살펴보기로 마음먹고 아파트 입구 주변에서 대기하자, 잠시 후 예상대로 학원버스가 정차했고 차량 문이 열리자 바로 입구에서 탑승 안내 중인 유○○가 확인되었다.

바로 철수 지시를 내린 후 우리는 학원으로 돌아와 학원주차장이 확연히 내려다보이는 2층 계단과 인근 병원 벤치에서 또 다시 대기에 들어갔다. 가까운 도시락 가맹점에 주문해 학원 차량들이 돌아오기 전에 서둘러 식사를 끝내고 만반의 준비상태에서 대상자를 기다렸다. 학원 차량들은 30분에서 1시간가량으로 계속 들어왔다 나갔다를 반복적인 패턴으로 이루어지고 있었다.

서둘러 나는 이 실장에게 학원 내 안내데스크에 학부모를 가장하여 확인해볼 것을 지시하고는 결과를 기다리자 이 실장은 대상자인 유○○가 주 4회 14시부터 18시까지 안전관리 선탑자 알바를 하고 있음을 확인해 주었고 더 이상의 혼선을 피하려고 유○○의 퇴근 시간대를 체크하여 꼬리 밟기를 시도하기로 했다. 그러나 별다른 특별한 사항이 드러나진 않았다. 퇴근길에 유○○는 근처 마트에 들러 간단한 찬거리를 구매하고 집으로 들어갔기 때문이었다.

어둠이 깔리자 대상자는 퇴근한 남편과 현관을 나서 갑자기 화물 트럭에 탑승하고는 어디론가 이동했다. 이들이 도착한 곳은 ○○성당 옆의 공원 주차장으로 이 시간대의 성당 내부 주차장 상황을 잘 파악하고 있는 듯했다.

남편은 성당에서 교리공부 중이었고 대상자는 성당을 향하는 것이 아니라 보따리를 들고 택시에 탑승하여 시내의 모처 아파트 단지로 들어서 곧장 익숙한 발걸음으로 진입했다. 나는 그곳의 아파트 동이 몇 호 라인인지, 그리고 엘리베이터가 정차하는 층수가 어디인지를 현관에서 확인한 후 성당에 대기 중인 이 실장에게 철수하여 휴식에 들어가도록 했고, 나는 재차 유○○가 머무르고 있는 이곳 아파트에서 해당 층의 불빛을 보며 연관성을 체크했다. 그러나 연결고리는 등기부등본과 우편함, 그리고 경비원과 청소미화원 등을 통한 정보가 손에 들어오기 전에는 속단하기 이른 상황이었다.

자정이 되고 해당 층수에 불이 꺼지자 집으로 귀가하지는 않으리라고 판단하고 서둘러 내일을 위해 휴식에 돌입했다.

추적 5일 차.

전일의 상황을 검토해보았다.

금요일 저녁에 남편을 두고 이곳의 아파트에 보따리를 들고 출입할 정도에 게다가 외박까지 할 정도라면 이미 남편도 잘 알고 있을 터 상황정리가 쉽지 않았다. 그런데 이상하게도 그간 자녀들이 집에서 목격되지 않았던 점에 큰 비중을 두진 않았다는 생각이 머릿속을 스쳤다.

사진 속의 상가주택은 각 층당 12평 정도로 3세대로 나누어져 있어 자녀들 방은 없었던 것으로밖에 안 보였고, 결국 이들은 재혼부부인 것으로 추정되었다.

그들이 별도로 두 집 생활할 수밖에 없는 필연적인 이유는 무엇일까?

궁금증은 점점 더 증폭되어 갔지만, 사건과 관련이 없는 부분은 굳이 조사할 필요성이 없었다. 특히 이런 유형의 경우에는 더욱 더 그랬었다.

서둘러 정리작업에 들어갔다.

등기부등본에서 간밤의 해당 층의 두 세대를 면밀하게 체크하자 대상자에게서 큰딸에게로 부동산의 거래 흔적이 나타났고 그간 궁금해 왔던 유○○의 실체에 한 걸음 더 접근하는 큰 성과를 보이기 시작했다. 나아가서 과거의 흔적까지 고스란히 추론 가능한 영역으로 들어왔다.

유○○은 성씨는 맞으나 이름은 가명을 써왔던 것으로 나타났고 채무관계도 상당히 복잡한 양상을 띠고 있었으나, 부동산 등기부등본의 근거 자료들을 제시하면 당사자 간에 원만하게 해결될 수도 있을 것으로 생각했다.

더 이상 머물러야 할 이유를 찾지 못했고 강원도에서의 활동을 마무리하고 서울로 철수하여 조사보고서 정리에 들어갔다. 등기부등본과 영상 자료 등을 편집하다 보니 생각나는 고사가 떠올랐다.

로마인들의 속담에는 이런 말이 있다.

"부(富)는 염수(鹽水)와 같은 것이다. 마시면 마실수록 목이 마르다."

그것이 비록 내 것이든 남의 것이든 탐욕은 끝이 없다는 얘기가 아닐지….

제 12 화

서울지사장의 평판조사

일찍이 아이작 뉴턴은 이런 일 들을 생각해서 인지는 몰라도 다음과 같은 불후의 명언을 남겼다.

"천체의 변화는 예측할 수 있어도 인간의 광기는 예측이 불가능하다."라고.

의뢰인은 모든 것을 알려주진 않는다는 게 이 바닥에서의 정설이다.

유명 국외법인의 한국지사장에 대한 조사가 필요한 모양이었다.

조사 대상자인 서울지사장은 보통의 수준이 넘어 몇 번 조사에 착수했으나 실패했다고 하면서 회사 밖에서의 사생활을 조사해줄 것을 요청해왔다.

근무지인 광화문 한복판의 대형 A 빌딩에서 잠복하며 외출 및 퇴근 후의 사생활에 대해 은밀한 조사를 부탁했다.

다음날, 나는 직접 광화문의 A 빌딩으로 차를 몰아 지하 7층부터 지상의 관문과 건물 구조를 면밀하게 체크해나갔다.

현관 엘리베이터가 6대, 비상엘리베이터가 1대, 관문은 전면, 후면 두 곳이 있으며 1층에서는 출입자 및 방문객이 너무 많다 보니 확인이 어려웠으나 구조상 2층에서도 현관 엘리베이터의 출입상황이 체크가 가능했다.

그나마 다행이었다.

인력 배치도를 비상용 및 현관용이 보이는 1층에 1명, 만약을 대비해 2층에 1명, 그리고 지하 주차장의 지사장 차량 시야 확보가 가능한 곳에 차량 1대, 주차요금 정산소와 가까운 주차장에 1대, 그리고 지상에서 관측원 1명 등으로 꾸몄다.

투입인원은 총 6명으로 하여 5명이 근무하며 생리적인 현상 등을 대비해 1명을 휴식 및 교대조로 예비 편성했다.

첫날은 09시 정도에 광화문 A 빌딩에 도착하여 지하 5층에 있는 지사장 차량을 확인하고 계획대로 배치해 나가며 20층에 있는 사무실도 확인 목적으로 방문하였으나 안내데스크에 기록되어 있는 사전 미팅대상자가 아니면 무조건 출입이 통제되었다.

광화문 근무라 투입될 직원 전원을 세련된 정장 차림에 타이 및 신발까지 각별하게 착용토록 주문하였고, 투입 전에는 최종 상태를 점검 후 배치하는 것도 나는 잊지 않을 정도로 조사에 만전을 기했다.

건물 내부에서 혹시나 발생할 여지가 있는 부분은 사전에 차단하는 게 잠복 및 미행에 기본이기 때문에 그들과 동화되어 있는 모습이 안성맞춤이었다. 출입증도 패용하였다. 우리회사 거지만….

경비원에겐 커피도 가끔 몇 잔씩 사다 주다 보니, 내가 정부 기관에서 근무하는 사람처럼 보였는지 볼 때마다 가까이 다가와서 일부러 인사하는 것도 잊지 않았다.

조사 시점에 워낙 시위대가 설쳐대고 있어서 정보과 형사들과도 매번 마주쳤지만, 서로가 말없이 각자의 임무에만 충실했다.

지사장이 부하 간부 여직원과도 썸씽이 있다고도 했으나 조사 기간에는 한팀이 전담하여 간부 여직원을 밀착해보았지만, 골드미스고 홀어머니와 단둘이서 강남 쪽에 살고 있었으며 미모와는 달리 사생활도 비교적 깔끔했다.

문제는 지사장 쪽이었다. 외국계회사는 원래가 그런지 출근도 오후에 할 때도 있었고 오전 근무만 하고 자택인 신촌으로 퇴근하는 등 매우 불규칙적이었다. 근무 중에는 점심식사시간을 제외하곤 외출이 전혀 없었다.

조사 2일 차 되는 날이었다.

의뢰자 측에서 현장 상황을 물어왔다. 그날은 지하 6층에 지사장 차량이 주차되어 있었고 보초병도 건너편 차량에서 주시하고 있었으며 정상적으로 주변까지 모두 스캐닝하고 있어서 수시로 각 위치에서의 동향들을 모두가 공유하고 있었다.

그래서 당일의 입차시간 및 차량위치를 정확하게 일러주고 점심시의 외출 모습, 식당 명 누구와 식사를 했는지 커피는 어디에서 마셨는지 등을 얘기해줬더니 오늘의 양복색깔 등을 물어왔다. 진회색의 양복에 흰색 와이셔츠, 황금색 바탕에 푸른색 무늬가 들어있는 타이를 메고 있었다고 알려줬더니, 의뢰인은 "제대로 근무하고 계시네요…"하며 말을 건넸다.

예전 조사팀들은 현장에 있지도 않으면서 현장에 있는 것처럼 보고하다가, 의뢰자 측에서 전달해줄 자료가 있어 현장에 나와 있는데 지금 어디에 있느냐고 물었더니 말 한마디 못하고 자기네들의 레이더에 걸려서 취소한 경우도 있었다고 했다.

참 대단한 사람들이었다.

차제에 주차비 문제를 나중에 별도로 해결해 달라고 요청했더니 흔쾌히 허락했다. 지사장의 차량이 움직임이 없으면 사실 주차비가 차량 1대에 하루 6만 원 정도가 나오고 있어서 보고서 제출 시에 얘기하려 했으나 우리 팀 뒷조사까지 하고 있어 미룰 필요가 없다고 생각했다.

퇴근 시간이 다가오자 빌딩 내부는 더 어수선해졌다. 비상엘리베이터 앞에서 대기하고 있던 서 실장은 내려오는 엘리베이터마다 버튼을 눌러 내부탑승자들을 확인했고 현관은 식별이 매우 어려웠지만 나름대로 고군분투하고 있었다.

드디어 서 실장이 비상엘리베이터에 탑승하고 지하 6층으로 향하는 지사장을 보자 동행하여 지하 6층에서 대기 중이던 박 실장 차량에 자연스레 탑승했다. 그러나 지사장 차량은 미동도 없이 20분 정도를 어딘가에 통화를 하며 시간을 끌고 있었다.

하루에 한두 번씩 무엇 때문인지는 모르지만 뭔가 은밀한 통화를 위해서 지하 주차장에 있는 본인의 차량까지 가서 대략 15~20여

분간 어디론가 통화를 하고 사무실로 가곤 했었다. 계속 기다리다 가는 지사장의 레이더에 걸릴 게 뻔했다.

나는 박 실장에게 지체하지 말고 나와 지하 3층 정도에서 대기하고 있으라 했다. 외부로 나오면 주정차공간 확보가 어려워 미행이 불가할 수도 있었기 때문에 어쩔 수 없었다. 지상층에 또 다른 팀이 자리하고 있으니 무리할 필요는 없었다. 지하 6층의 지사장 차량은 예상대로 20여 분의 통화가 끝나고 움직이기 시작하자 우린 일사불란하게 꼬리를 물고 그림자놀이에 들어갔다.

광화문에서 아현동을 거쳐 신촌로터리를 지나 홍대 앞 공영주차장으로 진입한 지사장은 한옥으로 이루어진 한정식집으로 들어갔다. 잠시 후, 내부로 확인차 들여보냈던 서 실장 일행은 홀에는 보이지 않고 예약하지 않으면 식사할 수 없다고 전해왔다. 분명 지사장의 단골집이 분명했다.

전화로 예약을 부탁하며 룸이 몇 개인지 체크했더니 2층에 4개가 있으며 1층에는 별실이 있다고 했다. 두 사람인데 룸을 예약한다고 했더니 최소한 기본이 4인이라고 했다.

지사장 포함해서 네 명 정도가 저녁 식사를 한다?

상식적으로 이치에 맞질 않았다.

그렇다면 회사에서 적어도 부하직원이 한 명은 동행이 있어야 가능한 얘기일 텐데…. 기본 식대도 최저가격의 상차림이 일 인당 4만 원대였기 때문에 일반사람들은 출입이 쉽지 않은 그런 유형의 특별한 식당이었다.

모든 여건이 최악이었다. 지사장과의 저녁 식사를 나눈 대상자의 사진 촬영이 반드시 필요했다. 언제, 어디서, 누구를 만나서 무엇을 하는지를 관찰하라고 했으니….

현장을 살펴보다 주변의 길 건너편의 호프집이 눈에 들어왔다. 즉시 1개 팀을 차출하여 캠코더를 준비시켜 현장에 투입하여 한정식집의 현관 불빛 아래에서 가상현실을 실행해보았다.

다행히도 어둡지만 출입문을 나설 때 불빛 아래 딱 한 번 서게 되는 시점이 있었는데 이 상황을 놓치면 지사장과 만났던 대상자 차량을 확인하여 별도 추적에 나서야 했다.

각별한 주의를 당부하며 두 시간이 흘렀다. 지사장보다는 나이가 들어 보이는 여성은 꽤 여유로워 보였다. 주차장에서 검은색 벤츠 S500에 몸을 싣고 빠져나오자 나는 차량 번호를 암기하며 지사장의 은색 볼보 S80 차량에 꼬리를 물고선 자택이 있는 인근의 연희동 아파트까지 캄보이 하며 동행했다.

지하 주차장에서 지사장은 가방 외에 견고해 보이는 쇼핑백을 들고 엘리베이터로 향하고 있었다. 박 실장은 아파트 내부의 움직임을 관찰하던 중 식구가 제법 많다는 것을 발견하고는 의아해했다.

중고등학생으로 보이는 남학생과 동생으로 추정되는 여학생, 그리고 할머니로 보이는 분이 어린애를 업고 있는 상황이 포착되었으나 정작 부인으로 보이는 여성은 시야에 들어오질 않는다고 했다.

늦은 시간까지 관찰했으나 지사장의 부인으로 추정되는 여성은 절대 보이질 않았다. 그날뿐만 아니라 조사가 끝나는 날까지도 모든 살림은 지사장의 모친이 하고 있었다.

두 살배기 정도의 어린애가 뭔가 새로운 의미로 우리에게 먹잇감을 던져주며 잠자고 있던 나의 탐정의 본능을 자극하기 시작했다.

나중에 알게 된 사실이지만…, 중고등학생 남매와 어린아이는 배가 달랐다.

첫째 부인과는 오래전에 이미 이혼했으며 둘째 부인은 알 수는 없었지만, 아이만 데려와 기르고 있는 것으로 상황이 정리되었다.

한 주간 살펴본 지사장의 저녁 시간은 몹시도 분주했다. 집에서의 저녁 식사는 한 번도 없었으며 주말에도 그 흔한 가족과의 외식도 보이질 않았다.

대상자인 서울지사장은 혹여 차량운행도 좁은 도로를 주행해가며 뒤따르는 차량을 파악하고 신호 무시, 불필요한 유턴과 급작스런 주정차 등으로 혹시나 있을 줄 모르는 상황에 대비하며 숨 막히게 살고 있었다.

무엇이 지사장을 이토록 은밀하게 생활하도록 만들었는지는 알수 없었지만, 뭔가에 쫓기고 있는 것은 분명해 보였다. 보고서는 철저하게 영상 자료를 수반하여 작성되었다. 그리고는 아무런 얘기도 나는 듣지 못했다….

'조사하기 전에는 아무것도 알 수가 없다.'

그렇기에 의뢰인이 처음 의뢰한 사건인지, 아니면 조사하다가 힘에 부쳐 선수에게 재차 의뢰한 것인지 백일하에 드러나게 되는 것이다. 이 분야에서 일하면서 제일 아쉬운 부분이 보고서 제출 후에 의뢰자로부터 피드백이 없다는 것이다.

피드백이 있다면 무엇이 부족했으며 또 어떤 부분이 가장 만족스러웠다 등을 파악하여 다음 사건 조사 시에는 조사자의 기량도 한층 더 늘어 문제 해결에 가까운 양질의 보고서를 제출할 수 있을 터인데, 이런 사안은 앞으로도 기대하기는 힘든 부분일 것으로 생각한다.

우리가 수임한 조사에 시간이 무한정하게 주어지는 것은 아니다.

주어진 유한한 시간 내에 좋은 결과를 도출해야 하지만 때론 의뢰인이 원하는 결과가 나오지 않을 때도 있다.

그래서 나는 결과도 중요하지만, 항상 과정을 더 소중하게 여긴다.

해야 할 일이 있다면 신중하게 생각해서 결정해야 하며 결정한 일은 가급적 빨리 실행에 옮기는 게 좋다고 생각한다.

우리가 사는 주변에는 지식이 풍부한 사람들이 아주 많지만 정작 필요할 때 실행에 옮기는 사람들은 매우 드물다.

처세술 책 속에 파묻혀 살면서도 처세에 문제가 많은 사람이 있듯이 아는 것은 실천할 때 비로소 가치 있는 지식으로 거듭 새롭게 태어날 것이다.

미래는 자신의 아름다운 꿈을 믿는 사람들에게 달려있다고.

제 13 화

꽃뱀 이야기

×

삶에는 반드시 수업료가 뒤따른다

모든 상황은 자신이 만들어낸 작품임을 기억해야 한다.
누구에겐 불운으로 누구에겐 축복으로 다가오기 때문이다.

인터넷으로 회사 게시판에는 대체로 하루 3~5건 정도의 문의가 들어온다. 다양한 유형 중 절반은 가정문제이고 절반은 사람을 찾아 달라는 건인데 결국은 비용문제로 귀결된다.

가정문제는 가급적 의뢰를 수임하지 않고 현명하게 대처하도록 적극적으로 조언을 해주곤 한다.

"문제 삼지 않으면 아무런 문제가 되지 않는데, 문제 삼으니까 문제가 된다."는 말처럼 신중하게 접근할 것을 권고하지만, 부부간의 문제는 부부만 안다고 우리가 모르고 있는 부분들이 너무 많고 혼자서 감내하기는 견디기 힘들다는 게 정설이다. 다시 말해서, 자신의 애기를 들어줄 수 있는 사람이 주변에 없다는 것이 서글픈 현실이다.

퇴근 시간 무렵에 상담전화에 벨이 울렸다. 나와 직접 상담을 요청하는 남성은 반드시 휴일에 상담 시간을 할애해 달라고 당부하는 것도 잊지 않았다. 우리의 만남은 그렇게 시작되었다.

자신은 최전방부대의 부사관으로 근무하는 미혼 남성인데 결혼을 약속한 여성과 연락이 두절 된 지가 벌써 한 달째라고 했다. 부사관의 사연은 이랬다. 그들의 첫 만남은 나이트클럽에서 이루어졌다고 했다.

여성은 처음부터 매우 적극적으로 부사관에게 대시 했으며 군 생활에는 익숙하지만 세상 물정에는 다소 어두웠던 부사관은 그녀와 쉽게 얽히게 되었다고 했다. 3개월 동안의 만남이 이어지면서 그녀는 항상 수입외제차인 도요타를 끌고 다니면서 늘 데이트에도 부족함이 없어 짧은 시간이었지만 상당한 호감을 느끼고 지내다 서둘러 결혼을 약속하며 지내던 차에 자연스럽게 돈 얘기가 나왔다고 했다.

자신이 운영하던 네일아트 샵의 확장 이전문제를 본격적으로 거론하며 잠시 현금 융통을 해줄 수 있는지를 물어와 본인으로서는 결혼까지 약속한 마당에 10여 년의 군 생활로 모아둔 결혼자금 5천만 원 중 2천만 원을 그녀에게 기꺼이 송금해주었으나 그것은 서막에 불과했던 것이었다.

양가 상견례를 준비하던 상황이라 부사관은 결혼 예비배우자의 남다른 생활력만 믿고 주변의 결혼한 선배들의 조언도 들어가며 자신의 우연한 이 만남이 정말 앞으로의 인생항로에 무지갯빛으로만 다가온 게 아닌가 했다고 말했다.

그해 겨울이 가기 전에 혼사를 매듭짓기로 작정한 부사관은 그야말로 순풍에 돛단 듯 순조로웠기 때문에 예비배우자의 말만 철석같이 믿고 의지하고 있었다.

2천만 원이 건네지고 열흘이 지나자 이번에는 펀드 얘길 꺼내면서 손실이 심해 지금 해지하기가 그렇다고 하면서 사업자금이라는 추가 명목으로 또 2천만 원을 빌려 가고 부사관에게 이제 남은 결혼자금 1천만 원까지 20여 일 남짓한 기간에 털렸으나 결혼 관련 얘기는 진전이 없었다고 했다.

양가 상견례도 차일피일 미뤄졌지만, 그때까지도 그 여성을 진심으로 신뢰하고 있었고 돈은 어차피 결혼 용도에 쓰일 것이었기 때문에 심각하게 생각하지는 않았다고 했다.

호주머니를 뒤적이던 부사관은 담배를 권하면서 허공에 가슴 깊은 곳의 응어리를 털어내고 있는 듯 보였다.

급기야 결혼을 약속한 이 여성은 부사관에게 은행 대출까지 부탁을 해왔다고 했다. 그리고는 상견례가 늦어지게 되는 이유를 설명코자 예비배우자의 오빠라는 사람이 고급 에쿠스 승용차를 몰고 와서 부사관을 안심시키기도 하면서 여동생을 잘 부탁한다는 말도 잊지 않았다고 한다.

그러면서 여동생이 묵고 있는 서울의 오피스텔도 자신의 것이니 신혼집은 걱정하지 않아도 된다고 하자 순진한 부사관은 신용대출도 알아보았다고 했다. 그러나 전과는 달리 전화도, 만나는 횟수도 줄어들고 가게가 바쁘고 사람 구하기 힘들다는 핑계를 들어 자신을 피하는 듯한 느낌을 받았다고 했다. 그때부터 본격적으로 시간만 나면 결혼 예비배우자가 평소 얘기했던 네일아트 사업장이나 오피스텔 등을 찾아가며 확인했으나 그 여성은 알지 못한다고 하였고 오피스텔에도 가 보았지만 이미 방을 비워 어디로 갔는지조차도 알수가 없었다. 부사관이 확인에 나서자 이 여성은 더 이상 자금을 빼내기가 힘들 것으로 판단하여 종적을 감춘 것이었다.

부사관이 메모지를 꺼내며 알려주는 기본 정보에는 도요타 차량번호와 결혼 예비 배우자의 이름과 전화번호, 그리고 전 주소지 오피스텔과 네일아트 샵, 참고로 오빠의 에쿠스 차량 번호도 알려주었다.

진실이 궁금하다고 하며 피해금액도 회수할 수 있는지를 물어왔으나 조사가 끝나기 전에는 아무것도 확인해줄 수 없으니 부대 근무에 충실할 것을 당부했다. 그는 절망과 분노가 뒤범벅되어 이성을 잃고 있는 듯 보였다.

'꼭꼭 숨어라⋯. 머리카락 보일라'

전형적인 꽃뱀의 수법이었다.

공작기간도 3개월씩이나 공을 들였으니 경비도 제법 들어갔을터⋯. 근데 왜 하필이면 여유롭지도 않은 부사관을 선택했을까 하는 의구심이 들었다.

그것에는 나름대로 이유가 있었다. 짧은 머리에 호남형인 그를 보고 군부대 지역인지라 쉽게 확인할 수 있었고 군인은 특히 외부사정에 밝지 못하고 훈련 등으로 인하여 일반사람과는 달리 부대에서 통제가 많았다. 게다가 자신의 미모를 동원하면 쉽게 벗어나질 못할 것으로 판단하여 작업에 착수한 것으로 생각했다. 조사에 착수하여 열흘 정도의 시간이 지나자 서서히 윤곽이 드러나기 시작했다. 사이버 조사팀은 꽃뱀에 대해 신상을 털어가자 현재 거주하고 있는 곳이 익산시의 원룸촌으로 위치가 나왔다.

즉시 현장으로 내려가 확인작업에 들어가자 대상자는 밤에는 술집에서 접대부로 활동하고 있었고 그 오빠라는 사람과 동거하는 상태였다. 차량은 도요타도 에쿠스도 보이질 않았다.

애당초 작업에 동원되었던 차량으로 생각했기에 별다른 의미를 부여하지 않았으며 가봤다던 서울의 오빠 소유라던 오피스텔의 부동산등기부등본을 살펴보니 이들은 당시에도 동거 관계에 있었음이 파악되었고 부사관이 외박 시에 주로 머무를 수 있도록 연인 관계에 있던 동거자인 오빠가 피해줬던 것이었다. 흔히 말하는 기둥서방이었다.

익산의 원룸은 보증금 2백만 원에 월세 2십만 원짜리로 회수 가능성은 장담하기 어려웠다. 훈련 관계로 부사관은 약 3주 만에 사무실로 찾아왔다. 조사보고서를 살펴보곤 경찰서에 신고하겠다고 말했다.

그러기 전에 한번 만나서 당사자 간에 해결을 시도해보고 그 후에 신고해도 늦지 않을 것 같은데 하며 조언을 해주었지만 막무가내였다.

순진한 부사관을 결혼사기로 울린 꽃뱀을 법에 심판대에 올려 그에 따른 정당한 처분을 받게끔 해야 옳은 일이었지만, 부사관의 결혼자금만 회수할 수 있다면 굳이 복잡하게 일을 끌고 갈 이유가 없었다. 그 후 잊고 있었던 나에게 한 달이 지난 시점에 부사관에게 연락이 왔다.

귀대하여 잘 지내고 있다는게 그의 인사말이었다. 그리곤 경찰에 사기 사건 접수도 하지 못하였다고 했다. 이유를 묻는 나에게 부사관이 말했다.

그곳은 군부대 지역이라 경찰에 고소장을 접수하게 되면 조사 후 군 헌병대로 사건 사례 등이 알려지게 되어있어 자신의 사례가 즉시 사단 내 예하 부대로 까지 지휘계통을 거쳐 하달되어 자신이 공개되는 것은 시간문제라는 것이었다. 그렇게 될 경우 진급도 어려워지고 하여 현 상태에서 접는 게 좋을 것 같고 앞으로 시간이 되면 익산에 내려가 잘 한번 풀어보겠다고 하면서 그간 도움 주셔서 아주 고맙다면서 외박 나올 때 한 번씩 전화 드리고 소주 한잔 나눌 수 있었으면 좋겠다고 하여 나는 서슴없이 언제든지 환영한다고 답해줬다.

부사관은 비싼 인생수업료를 냈다. 자신이 사는 곳의 일사불란한 명령 체계와는 달리 바깥사회는 달콤한 유혹으로 가득해 있고 눈에 보이는 것이 모두가 전부가 아니라는 사실을 결혼자금을 날려보낸 현시점에서 깨달았을 것이다. 세상에는 눈먼 돈이 많이 굴러다닌다고 한다. 먼저 잡는 놈이 장땡이란다…

제 14 화

글로벌 꽃뱀 이야기

×

사랑에는 돈이 필요하다

＼
사전준비와 연습이 없이는 인생의 완성을 바랄 수는 없으며
아무런 노력도 없이 과실을 얻는 경우는 그 어디에도 없다.

세 여자가 사무실 문을 두드렸다.

행색부터가 유난히 화려한 그들은 우선 탐색전부터 시작하면서 번갈아가며 공세를 펼치기 시작하더니 한 사람의 가정이 지금 바람 앞에 등불이라며 도움을 청하며 사건에 대한 개요를 장황하게 펼쳐 나갔다. 자신들은 당사자가 아니라는 부분을 물어보지도 않았는데 도 강조하면서….

젊은 여성의 직업은 대치동 모 학원의 영어선생인데 이름은 알 수 없고 안젤리나라는 호칭을 사용하고 있다면서 핸드폰 번호도 가 르쳐 주었다.

그리고 그 학원에서 미행하여 집이 어디인지, 더불어 누구와 살고 있는지도 알아봐 달라고만 했다.

첫 번째 방문에서의 주문은 매우 단순했었다.

뭔가 감춰진 스토리가 있어 보였지만 말이 워낙 많은 여성분인지 라 잠자코 듣기만 하면서 주문대로만 하면 간단하게 끝날 것으로

생각하여 건네받은 자료를 가지고 허 실장과 박 실장에게 의뢰자 쪽의 내용과 일치하는지 사실을 확인해 볼 것을 지시했다.

온라인상으로는 학원의 선생으로 있다는 안젤리나라는 여성을 확인하기가 불가능했다. 냄새가 조금 풍겨 나오기 시작했다.

온라인상에 젊은 여선생의 흔적이 없다?

할 수 없이 안젤리나의 정보를 취득하기 위해서 우선 현장에 나가 확인 가능한 부분부터 체크해 보겠다고 박 실장이 나섰다.

대치동 학원 주변을 조사한 박 실장은 안젤리나라는 호칭을 사용하는 사람은 없으며 학원 측에서는 그런 핸드폰 번호도 알지 못한다고 했다. 그렇다면 젊은 여성은 과거 근처에 자신이 살았거나, 아니면 지인이 살거나, 또는 학원 앞 도로를 자주 이용하고 있을 것으로 추정되었다.

일단 철수하여 머리를 맞대고 상황을 타개할 수단을 취해보았으나 정보책을 동원하여 핸드폰 주소를 파악하는 것 외에는 의뢰인에게 건네받은 정보가 부실하여 신의 한 수를 기대할 수밖에 없었다.

정보책인 최 부장에게서 연락이 왔다. 내국인 소유 전화가 아니라면서 시간이 걸리겠다고 하면서 주소파악이 어려울 수도 있으니 참고하라고 했다.

이건 또 무슨 경우일까? 외국 국적이라니? 의뢰인은 이런 사실을 알고나 있을까? 추적하기엔 아직 자료가 턱없이 부족했다.

최 부장은 역시 베테랑이었다. 택배 쪽의 자료를 체크해 보았는지 택배사 쪽의 자료에 의하면 이상하게도 배달 직원이 기억하고 있을 정도로 특이한 여자들이라고 했다. 배달처엔 주소지가 없고 항상 신사동의 도산공원 앞에서 전화연락 부탁한다는 메시지를 담고 있어 배달직원도 특정한 곳에서 전화하면 늘 인수해 가는 점들 때문에 기억하고 있는 듯해 보였다.

끼가 발동하자 별거 아닌 것으로 생각했던 건이 의외로 묘한 느낌을 풍기며 다가오고 있었다.

시간은 여지없이 흘러 조사 5일째를 맞이하고 있었다.

의뢰인 쪽에서 재차 회사 사무실로 방문했다. 이번에는 전과는 달리 두 사람이었다. 그간의 조사결과가 궁금했던지 상황이 긴박하게 돌아가고 있었던 건지 조사를 재촉하기 시작했다. 그래서 전화는 외국인 소유라고 했더니 의뢰인은 그때야 보따리 중 하나를 풀어 젖혔다.

자기들이 알기로는 안젤리나라는 호칭을 쓰는 여자는 한국 여자이고 아버지가 베트남에서 큰 사업체를 운영하고 있으며 어머니는 방배동에 살고 있는데 B 중학교 교감으로 정년 퇴임한 지가 1년 되었다고 말했다.

의뢰인들은 벌써 어디에서인지 조사를 해서 내연녀로 추정되는 안젤리나의 가족 구성원까지 파악하고 있었다.

나는 의뢰인들의 얘기를 처음부터 아예 무시했으며, 나름 촉이 발동해서 예사 사건으로 치부하며 지나가기에는 여간 찜찜한 게 아니라 수단과 방법을 가리지 않고 안젤리나의 모든 것을 양파껍질 까듯이 베일에 가린 그녀의 실체에 접근해나가고 있었다.

열흘이 지날 무렵 우연인지 필연인지 시차를 두고 베트남 국적과 동시에 과거 한국 국적의 본명과 생년월일 등을 밝혀낸 최 부장이 연락해 왔다. 본인도 드문 케이스라며 운이 좋았다며 돌렸다. 전후 사정은 대충 이랬다.

무슨 사연인지는 몰라도 베트남 국적을 취득했었고 국내에서는 소지하고 있던 과거 주민등록증으로 핸드폰도 개통한 사실이 있었다고 했다.

안젤리나라는 가명을 쓰던 여성은 두 개의 전화를 휴대하고 다니는 듯했다. 그야말로 철옹성이었다. 흔적을 최대한 중간 차단하면서 뭔가를 국내에서 꾸미고 있는 듯해 보였다. 안젤리나와 사랑에 빠진 조사 대상자는 양재동에서 개인병원을 운영하고 있었고 재력 또한 남달라 상위 1% 내에 들어가는 알부자였었다.

나중에 알게 된 사실이지만 안젤리나가 같이 동거 중인 친구가 남자친구로부터 에르메스 핸드백을 선물 받았으며 고급 명품시계를 생일선물로 받고 수입외제차도 사줬다고 병원장에게 푸념하면 반드시 비슷한 레벨의 선물이나 현금이 안젤리나에게 제공되었다고 의뢰인 측에서 알려줬었다.

조사 20일째였다.

의뢰인으로부터 긴급 연락이 왔다. 목소리로부터 느낌이 전달되어오자 나는 평소보다 더 차분하게 목소리 톤을 낮추면서 진화작업에 나섰다. 간밤의 일어난 부부싸움으로 망가진 남편의 핸드폰을 가지고 있으니 복구해달라고 하며 생떼를 쓰기 시작했다. 나는 향후 발생할 문제의 소지를 염두에 두고 가끔씩 이용했던 업체를 직접 소개하며 연락처만 알려주었다. 사흘이 지나자 의뢰인은 복구된 자료를 가지고 방문하여 말하길 자세한 내용은 모르지만 약 90% 정도를 복구해냈는데 각서까지 쓴 연후에야 자료를 넘겨받을 수 있었다고 하며 자료 분석을 요청해왔다.

나는 꼼짝없이 자료와 씨름할 수밖에 없었다. 자료는 난해했다. 카톡의 내용은 뒤섞여 있어 앞뒤가 맞지 않아 상당시간을 할애하자 대강의 윤곽을 갖추기 시작했고 궁금증을 자아냈던 부분도 수면 위로 올라와 있었다.

의뢰인 쪽에서 알고 있는 사실을 토대로 다시 한 번 추가 정리해낸다면 완벽에 가까운 자료가 될 수도 있을 것이라 의뢰인에게 도움을 청했다. 실체적 진실에 접근하기 위해서는 도리가 없었다. 의뢰인의 추가 작업이 끝나고 재차 분석에 돌입하며 퍼즐 조각을 하나씩 맞추어 나가자 새로운 사실들이 고개를 들이밀기 시작했다.

한편, 지방인 부산에서 들려온 소식은 가히 충격적이었다. 안젤리나의 고향인 부산으로 내려가서 탐문한 결과 안젤리나 부친은 그곳에서 부동산 중개업소를 지인과 둘이서 공동으로 운영하고 있었으며 인근의 허름한 원룸에 나이에 걸맞은 여성과 살고 있었다고 전해왔다.

안젤리나의 부친이 베트남에서 사업체를 운영하고 있다는 얘기는 꾸며댄 내용으로 판명되었으나 누구에게서 나온 얘기인지는 분간

하기 어려웠다. 또한, 모친은 방배동 모 중학교 교감 선생님 출신도 아니었고 이미 지병으로 사망한 후란 사실도 드러났다. 의뢰인 쪽에서 알고 있는 정보들은 하나도 일치하는 게 없었다.

조사가 막바지에 이르자 드디어 병원장과 안젤리나에게 운명의 날이 오고야 말았다. 복원된 자료에 의하면 카톡에서 안젤리나의 출국일은 일요일이라고 했었다. 나는 출국 전인 금요일 정도를 디데이로 보고 역량을 집중할 방법을 모색하고 있었다.

서울에서 누군가의 뒤를 밟는다는 것은 몹시도 고통스러웠다. 자가용 차량으로든 대중교통으로든 도보로든지 간에…. 주 정차 공간 마련이 쉽지 않기 때문에 현장에서는 무슨 수를 쓰든 관문을 지키기 수월한 곳을 확보하기 위해서 그에 상응하는 돈을 항상 들여야 한다.

이 실장은 종일 병원 주변을 돌고, 박 실장은 지하 주차장에서 BMW7 시리즈의 병원장 차량 앞쪽에서 대기하면서 무료한 시간을 달래고 있었다. 19시가 되자 일층 휴게실 쪽을 통하여 나서는 병원장의 모습이 시야에 들어왔다. 이 실장에게 연락하자 재빨리 차량을 몰고 병원 건너편으로 미끄러지듯이 나타나며 빨리 탈것을 재촉하는 듯했다. 병원장은 자신의 애마를 두고는 택시를 타고 이동하기 시작했다.

포이동의 병원에서 압구정동 CGV까지 직선 코스였다. 퇴근길의 강남 상황은 최악을 치닫고 그중에서도 논현로는 더더욱 상황이 좋질 못했다.

택시는 병원장이 요금을 더블을 제시했는지 알 수 없었지만, 연신 좌회전차선에서 직진차선으로 갈아타면서 쾌속 주행하고 있었고 운전에 달인인 이 실장은 그 상황을 놓치지 않고 용케 목적지인 압구정CGV 인근의 고급 일식집까지 무사히 꼬리를 물고 당도하였다.

현장 배치상황을 재빠르게 조정하면서 관문 체크가 용이한 곳에서 테이블을 잡고 잠복에 곧장 들어갔다.

일식집에 들어가 보았으나 전체가 룸으로 이루어져 있었고 이곳도 역시 예약하지 않는 손님은 입장할 수가 없는 시스템이었다.

예약문화가 정착되어있는 선진국으로 탈바꿈한 면모를 접할 수 있었다.

이후는 또다시 기다림의 연속이었다. 나는 간절히 기도했다.

이 시간 이후 상황 종료로 마무리될 수 있기를…. 21시 30분을 지나자 관문은 어수선했다.

드디어 병원장과 안젤리나, 그리고 안젤리나의 친구로 보이는 또 한 명의 여성과 셋이서 출입문을 나와 담소를 나누면서 골목길을 이동하고 있었다.

대로변인 논현로 쪽으로 나와 2차로 갈 수 있는 술집을 물색하고 있는 듯해 보였다.

성형외과 병원이 즐비한 곳의 지하에 있는 고급술집으로 들어가는 모습이 포착되었으나, 술집까지 동행해야 할 필요성은 느끼지 못했다.

일행은 자정에 가까운 23시경에야 술집을 나섰으나 여기서부터는 병원장과 안젤리나 둘이서만 자연스럽게 도보로 이동하며 지나가는 빈 택시를 세우는 모습이 눈에 들어왔다.

이윽고 개인택시 한 대가 지나다 이들 앞에 멈췄다. 두 사람은 순간이동을 하기 시작하였다. 나는 즉시 배턴을 이어받고 이 실장 대신 운전대에 앉아 골목길 어귀에 대기하다 곧장 토끼몰이에 심혈을 기울이며 추격전에 나섰다.

신호등에 다다르면 직진차로에서 주행 시에는 때론 먼저 통과하기도 하면서 오늘도 운이 나와 함께 이 밤 내내 붙어있길 염원하고 또 염원했다.

역삼동의 S 호텔 앞에서 개인택시가 정차하자 나는 택시 앞으로 이동하여 바로 이 실장과 박 실장을 내려주며 같이 호텔로 투숙할 것을 지시했다. 그러나 현장에서 우린 한 박자 늦게 따라붙고 있었다.

그야말로 박빙의 순간이었다. 병원장은 이미 엘리베이터를 타고 있었으나 박 실장이 카운터에서 계산을 하는 사이에 이 실장은 서둘러 날다시피 하며 계단을 뛰어올라 6층에서 610호로 문을 막 닫고 들어가는 병원장의 왼쪽 팔을 보면서 양복 색깔과 동일한 모습의 병원장 차림새를 확인한 후에 곧장 내려와 상황보고를 했다.

나는 불문곡직하고 의뢰인을 불렀다. 상황을 종료해야 할 시점이기 때문이었다. 즉시 의뢰인에게 연락을 취하고 현장에서 대기 모드로 돌입하며 주변 동태를 살피자 잠시 후에 의뢰인인 여성 삼인조가 현장에 당도했다. 어떻게 했으면 좋겠냐고 물어오자 뭘 어떻게 하느냐고 하면서 즉시 112에 신고할 것을 권유하고는 현장에서의 대처 요령을 차분차분 알려주었다.

의뢰인들은 내가 호텔 내부까지 동행해 달라고 요청했으나 나는 정중하게 거절했다.

잠시 후, 지구대 순찰차가 도착했고 이미 호텔 내 객실번호까지 알고 있던 터라 카운터에서 소란 떨 필요도 없어 여성 삼인조는 경찰관 두 명을 대동하고 간단하게 설명한 뒤 엘리베이터를 타고 6층으로 올라갔으나 혹시 있을 변수를 생각하고 우리 일행은 호텔 앞에서 차량 안에 앉아 마지막 상황을 지켜보고 있었다.

여성 삼인조가 눈부신 활약을 펼치고 있었는지 도무지 내려오질 않았다. 1시간이 지날 무렵 모두가 다 내려오면서 호텔 입구가 어수선했고 호텔 측에서는 영업상 문제의 소지가 있다고 판단해서인지 지배인이 일단 호텔 밖 다른 곳으로 이동해 달라고 요청해왔고 그들은 순찰차 옆으로 이동하며 마지막 상황을 정리하고 있었다.

현장에서 건네려고 한 전별금인 현금 일천만 원도 고스란히 증거물로 확보되었다. 조사 결과, 국적을 세탁하고 한국과 베트남을 오가며 꼬리를 감춰왔던 안젤리나의 화려한 꽃뱀 전력도 드러나면서 병원장은 완전히 코너에 몰렸었고 의뢰인 측은 승기를 확실히 잡으면서 상황은 종료되었다. 그 후의 이야기는 알 수가 없었다.

역시나 이 분야의 일은 항상 피드백이 없기 때문이다….

제 15 화

의처증 이야기
×
능력있는 아내

시중 A 은행의 지점장을 아내로 둔 백수의 신랑은 전업주부다. 일반적으로 부인이 이 정도 급수면 직업이 없는 남편이라면 외조에 적극적으로 동참해야 할 터인데 백수인 남편은 시골 본가에 자주 내려가 지낸다고 했다.

물론 아내의 사회생활에 적잖게 속이 많이 상했으며 비즈니스를 이유로 밤늦게 술에 취해서 귀가하는 것은 물론이고 워크샵 등을 이유로 집을 며칠씩 비우는 일도 자주 있었고 더 나아가서는 상사와의 해외여행 등을 곱지 않은 시각으로 해석하곤 했었다.

자신은 40대 중반에 사업에 실패한 이후론 두 사람 사이의 유일한 자녀인 딸의 뒷바라지에 매진하고 있다고 하면서 의뢰인이 추정하는 아내의 내연남을 지목하고는 두 사람 사이의 관계를 밝혀 달라고 요청했다. 더 이상은 현 상태로서 살기에는 힘에 부친다고 말했다.

아내는 미모의 지점장으로서 승진이 빠른 듯해 보였다. A 은행의 지역 본부장의 각별한 배려로 금융기관의 꽃이라 할 수 있는 지점장의 자리까지 올랐지만, 실적 등의 이유로 2년을 버티지 못하였으며 사건의뢰 당시에는 대기발령과도 같은 신세에 놓여 있었다. 그래서 그런지는 몰라도 출퇴근은 자유로웠다.

매일 아침 9시 이후에 자신의 승용차로 목동의 집을 나서 마포나 광화문 등의 대기업 등을 방문하고 종로의 어학원에서 외국어를 공부하면서 점심 식사 후에는 지역 사회에 상류층에 속하는 사람들이 즐겨 다니는 회원제 전용 스포츠센터에서 2시간 이상을 운동하며 마사지 등을 받았다. 저녁에는 금융권의 임원들로 보이는 사람들과 식사와 음주를 한 후에 가라오케나 BAR 등에서 2차를 가진 다음에 대리기사를 불러 퇴근하는 패턴을 보이고 있었으나 장소가 너무 광범위하게 움직이고 있어 동선은 불투명했다.

3일간의 조사기간 동안 한남동에서 시작하여 평창동을 거치고 강남은 물론 여의도까지 두루두루 거치는 코스는 우리들의 할 일을 너무 많게 만들고 있었고, 잠시도 방심할 틈을 주지 않아 사흘 내내 긴장의 틀로 묶여서 복귀하는 시간까지 나락으로 내몰리고 있었다.

뻣뻣하게 이미 굳어버린 팔다리를 풀어주기엔 부부간의 관계가 너무 멀어진 것 같다는 느낌도 있었지만, 의뢰인인 남편은 아내에게 사랑받고 싶었다고 했다. 그러나 이미 살아온 과거의 시간이 두 사람의 간극을 좀 더 벌이고 있는 듯했다.

조사 4일째로 접어들었다.

평상시와 똑같은 행보를 보이던 대기발령 중이던 그 부인은 드디어 지역 본부장과 한남동의 분위기 및 조망이 빼어난 모처에서 저녁 식사를 마치고 단골술집인 듯한 BAR로 들어가는 것이 감지되었다. 나는 재빨리 위장하여 동행 중이었던 이 분야에 민첩한 차여사와 함께 BAR로 잠입했다.

실내가 열린 상태로 재즈풍의 낮은 음악이 흐르며 직장인들의 하루의 과중한 업무를 풀어 주는 아늑함이 곳곳에서 느껴지며 매우 격조 놓은 분위기를 연출해 내고 있었다. 두 사람의 대화는 진지해 보였다. 그리고 대기발령 중이던 의뢰인의 아내는 재기를 위해 몸부림치고 있는 듯해 보였으나 마주하고 있던 지역 본부장의 표정은 난감한 듯했다.

한 시간 뒤 두 사람 사이의 대화를 분석한 결과 이 사건을 나는 다른 각도로 해석하기 시작했다. 두 사람 사이의 과거 일어났던 일들은 현재 알 수는 없었지만, 이제까지 취합한 정보들을 조합해보면서 알게 된 사실들을 토대로 곰곰이 생각해봤다. 조직에서 밀려나고 싶은 생각이 전혀 없는 의뢰인의 부인이 어떻게든 지역 본부장의 울타리를 이용하여 동아줄을 부여잡고 작금의 상황에서 벗어나고 싶어하는 간절함을 엿볼 수 있었다.

긴 시간이 흘러 지나고 대화가 끝날 무렵이 되어 보였다. 웨이터에게 익숙하게 대리기사를 요청하자 즉시 어디론가 전화를 걸자 5분여가 채 흐르기도 전에 웨이터로부터 사인이 들어왔다. 대리기사가 도착한 듯해 보였다.

결론에 도달하지 못한 두 사람은 자리를 박차고 일어나면서 대기 발령 중인 여지점장이 카운터에서 결제를 마치고 건물 앞에서 대기 중인 차량에 올랐다.

두 사람이 뒷좌석으로 같이 탑승하자 차량은 가벼운 엔진음을 토해내면서 강변 북로에 접어들었고 이윽고 마포대교를 지나 여의도의 C 아파트 앞에서 지역 본부장이 내리자 우리는 지역 본부장의 주거지부터 확인 작업에 들어갔다. 무사히 엘리베이터 안으로 들어가는 뒷모습을 따라 차 여사는 함께 타 7층에서 내리는 것을 확인하고 돌아왔다. 그리곤 우린 서둘러 목동으로 향했다. 부인의 차량은 이미 당도해 있었다.

아파트의 불빛이 안방에만 보이자 건너편 동으로 올라 실내를 확인하자 의뢰인은 아직도 시골의 본가에서 상경하지 않는 듯해 보였다.

움직이는 사람이 부인 외에는 일체 망원경에는 들어오질 않음을 확인한 연후에야 철수할 수 있었다.

자정을 훌쩍 넘긴 시간이 되어서야 우린 현장에서 하루를 마감하고 있었다. 앞으로도 이틀이라는 조사 기일이 더 남았으며, 매일매일의 근무시간은 하루 16시간에 육박하고 있어 극도의 피곤함이 엄습하고 있었으나 아무도 내색하지 않으며 사무실로 진행 경로를 돌렸다.

순간 푸치니의 오페라에 나오는 'NESSUN DORMA'가 뇌리를 스치듯 떠올랐다. 사건 진행 중에는 '아무도 잠들면 안 된다'는 것을….

항상 어떤 상황에서도 머릿속은 날개를 달고 늘 자유롭게 날아야 한다.

조사기간까지도 의뢰인이 생각하듯 그런 난잡한 문제는 없었다.

물론 부부간의 일은 부부만이 잘 알 수 있듯이 그 누구도 당사자보다 더 절박할 수 없고 단정해선 안 될 것으로 생각한다.

우리가 놓친 것은 없지만 부인이 조직생활에서 밀려나면서 그간 바쁘게 달려왔던 지난날들을 떠올리며 재기를 위해 몸부림치고 있는 상황을 나름 의뢰인이 오해하고 있는 듯하여 안타까웠지만, 이제는 남은 사람의 몫이라는 걸 의뢰인도 헤아리고 좀 더 따뜻한 가슴으로 아내를 위로하고 안아주면서 인생 백 새 시대에 남은 시간을 재구성해 볼 것을 권유했다.

그러나 의뢰인은 나를 의심했다. 돈 많고 빽 좋은 지역 본부장과 뒷거래를 했을 것이라며 입에 거품을 물고 따지기도 했다. 문제는 본인이 예상하고 원하는 결과가 없었기 때문이었으리라…. 아마도 이혼을 염두에 두고 위자료를 단단히 받을 요량인 모양이었다.

역설적으로 나는 그에게도 혹시 감추어진 내연녀가 있지 않았을까 하는 생각이 사건 마무리 후에도 계속 머릿속을 떠나질 않았다.

제 16 화

청소년 가장 구하기
×
날개 달린 알바비

좋은 이웃이 되기 위하여 노력하지 않는 사람은
결코 좋은 이웃을 가질 수 없다.

우리 동네는 반경 100여 미터 내에 편의점이 4개 마트가 3개나
되어 경쟁이 아주 치열한 편이다. 그 편의점 중에 자주 이용하는
곳이 있다. 저녁에 귀가할 때는 꼭 그곳에 들러 담배를 사곤 하는
가게였다.

그 편의점에는 밤이면 매일 아르바이트를 하는 고등학생이 있었
는데, 학생은 항상 쾌활하고 인사성이 매우 뛰어나 나뿐만 아니라
동네 사람들에게도 좋은 이미지로 각인되어 할인마트 영업시간 외
에는 다수가 가급적 학생이 알바를 하는 그 편의점을 이용하는 경
우가 많았다.

나는 매일 담배를 사러 가야 하는 필수적인 코스였다. 편의점 내
부로 들어서 자연스럽게 학생의 해맑은 얼굴을 보면 덩달아 나도
기분이 나아지고는 했고, 볼 때마다 가깝게 다가서는 학생이 내 자
식 같은 생각도 들어 여러 가지 궁금한 사항들을 가끔씩 하나씩만
물어보곤 했었다.

그래서인지 휴일에 동네 편의점이 아닌 곳에서 만나기라도 하면 멀리서 알아보고 쫓아와서는 학생은 이내 "아저씨! 안녕하세요~!" 하며 반겨주곤 하는 그런 사이로 발전했다. 학생의 가족은 홀어머니와 중학교에 다니는 여동생으로 세 식구가 살고 있다고 했다.

어머니는 인근의 가게에서 일하고는 있으나 다리가 불편하여 오랫동안은 서서 일을 할 수가 없어 일찍부터 학생이 생활 전선에 나온 것으로 들어서 알고 있었다.

한번은 우연히 동네 목욕탕에서도 만난 적이 있었다. 우린 서로가 등을 밀어주며 꽤나 깊은 대화를 나눴기 때문에 나는 웬만한 것들은 학생의 눈빛과 분위기만 보아도 본능적으로 알아차렸기 때문에 학생은 나를 족집게 아저씨라고 부르기도 했다.

연말 분위기로 어수선하던 4년 전의 겨울방학 때로 얘기는 거슬러 올라간다. 전날까지 지방에서 부동산 매입 관련 실태조사를 마치고 늦은 시간에 상경한 터라 하루쯤 쉴 요량이었다. 보고서 작성일이 남아서인지 오히려 늦잠을 청할수록 눈을 붙이기 힘든 상황이 계속되었다. 나는 하는 수 없이 일어나 따뜻한 운동복차림으로 갈아입고는 집을 나섰다.

그날은 수요일 아침이었다. 겨울 날씨지만 꽤나 포근했기 때문에 모처럼의 좋은 햇살을 놓치기는 아쉬웠다. 집을 나서 공원 길로 접어들었는데 저만치에서 길바닥의 돌을 차대면서 잔뜩 독이 오른 학생을 만나게 되었는데, 어찌 된 영문인지 예전의 밝은 모습은 오간데 없이 긴 한숨을 허공에 내뱉으며 독설처럼 뭔가를 혼자 지껄이고 있었다. 가까이 다가서자 학생은 건성으로 인사를 하고는 지나치고 있었다. 저만치 걸어가는 학생을 나는 이내 불러 세웠다.

"학생"하며 부르자 가던 길을 멈추며 뒤를 돌아보는데 여태까지 보지 못했던 처음 보는 모습이어서 직감적으로 집안에 무슨 일이 일어난 것은 아닌지 걱정이 되었는데 학생은 나지막이 말했다.

"아저씨…. 저 빵 좀 사주세요."

즉시 인근의 빵집으로 자리를 옮겨 따뜻한 커피와 학생이 좋아하는 빵을 주문했다. 빵이 목을 타고 넘어가며 훈훈한 인심을 느껴갈 때 학생은 "요즘 저 편의점 알바 안 해요."라고 하면서 묻지도 않은 말을 끄집어냈다.

내가 이유를 묻자, 겨울방학이 시작되기 전에 이미 방학 동안의 돈벌이를 어떻게 할지를 살펴보았으며 그 결과 좀 더 돈을 많이 준다는 충전소에서 그것도 심야 시간대에 방학의 시작과 함께 알바를 하고 있었다고 했다.

한 달하면 월급이 120만 원가량 되기 때문에 가정에 도움이 전보다는 더 될 수 있어 힘들지만 달리 선택의 여지가 없었다고 했다. 그런데 희망을 품고 열심히 일하던 학생에게 그 날 새벽에 하루 일당을 날려버린 중차대한 사건이 발생한 것이었다.

충전소가 심야에 가장 바쁜 시간대가 영업용 회사택시가 집중적으로 들어오는 새벽 2시 이후부터 새벽 4시까지인데, 이 시간대에 이리 뛰고 저리 뛰고 바쁘다 보니 학생이 요금을 받지 못한 상황이 발생하여 하루 일당을 고스란히 반납해야 하는 일이 일어나게 된 것이었다.

나는 본능적으로 접근하기 시작했다. 학생에게는 커피도 마시면서 천천히 먹으라고 하고는 곰곰이 청소년 가장인 학생의 얼굴을 살펴가며 사건 해결의 단서를 찾아보고자 물어보기 시작했다.

첫째로 "그런 유형의 일이 자주 발생하느냐?"고 묻자 매우 드문 일이라 했다.

서로 믿지 못하면 일하기 힘들어서 가급적 팀워크를 맞춰서 운영하고 있는 듯했다.

둘째로 그곳의 CCTV 배치상황을 물어보았다. 학생은 당시 근무 조장이 근무를 마치고 예상되는 용의 차량인 스타렉스를 CCTV를 통해 확인해보았으나 거리가 멀고 CCTV가 설치된 지 오래되어 영상의 화질이 좋지 않아 차량 번호 판독이 불가하다고 결정되어 학생이 주유했던 차량의 가스 요금 4만 원을 대납하게 된 사연을 들려주었다. 나는 용의차량인 스타렉스에 주목했다.

"단골손님이었니?"라고 묻자, "네."하면서 학생이 대답했다. 그러면 그 차량은 며칠에 한 번씩 가스를 주입하러 오며 시간대는 일정한지를 물었다. 그랬더니 학생은 시간대는 근무자들이 알기에는 저녁 9시 이후부터 새벽 4시 사이라고 했다. 특이한 점을 메모해나갔다.

단골손님 혼자만 타고 다니는지 아니면 동행자들이 매번 있었는지와 인상착의와 손님의 연령대, 옷차림새, 그리고 말투를 보자 학생은 그 스타렉스가 경유차인데 가스로 개조를 한 차였고 연식은 제법 되어 보였다고 하면서 차량 내부에는 항상 여성들이 3명 이상이 타고 있었다고 했다. 또한, 차주 아저씨는 미남형으로 머리카락 색은 흰머리가 보기에도 아주 많고 키는 165~170cm 정도로 추정되었고 전라도 말씨를 사용하며 주유원들에게 아주 친절했으며 음료수도 건네주고 갈 정도로 그곳 충전소에서는 이미 알려진 단골손님이라 했다.

그러나 주유 대금은 반드시 현금으로만 결제했기 때문에 차량 번호도 모르고 카드영수증이나 현금영수증 발행도 없어 그야말로 아무런 흔적이 없는 상황이었다.

직감적으로 이 사건은 이틀 내에 해결하지 못하면 아무리 단골손님이라도 다음 주유 때는 주유 대금을 줬는지 안 줬는지 기억이 가물가물할 것이 뻔한 일이었다. 아저씨가 오늘 별다른 일정이 없으니 한번 알아봐 줄 테니 너무 걱정하지 말고 집에 들어가서 좀 쉬라고 말하고는 산책을 취소하고 집으로 들어와서 주어진 열악한 단서들을 조합해보기 시작했다. 느낌은 혹시 '보도방' 업주가 아닐까 하는 가설을 세워 보고는 최악의 경우로 찾지 못할 시에는 내가 그 돈을 회수한 걸로 하고 학생에게 줄 요량이었다.

저녁 5시가 넘어서자 어둠이 깔리기 시작하면서 구로동의 유흥가에는 네온사인이 빛을 발하면서 여기저기서 거리의 낯선 사람들을 유혹하고 있었다. 나는 충전소를 반경으로 하여 우선 1km 정도를 지도에서 그려보자 대략적인 탐문 가능한 지역이 시야에 들어왔다. 노래방과 단란주점, 그리고 룸살롱 등으로 탐문을 시작하며 업소의 주인들에게 도움을 청해보기로 마음먹고 차량을 끌고 나섰다.

어느새 나는 충전소의 소장으로 탈바꿈해 있었다.

업소마다 방문하여 새벽녘의 주유 대금 관련하여 알바 학생의 어려운 처지를 들려주자 유흥업소의 주인들은 안타깝게 생각하며 적극적으로 알아는 보겠다며 하는데, 가슴에 와 닿지를 않았으나 그나마 문전박대는 당하질 않아 세상인심이 그다지 나쁘게 만은 느껴지지 않았다.

계속해서 업소 방문을 하면서 용의차량과 인상착의 말투 등을 물어보면서 실낱같은 희망을 품고 혹시나 하면서 돌아다녔다. 사실 단서들을 보았을 때 나는 직감적으로 보도방 업주로 판단하였기 때문에 유흥업소를 공략하기 시작한 것이었다.

밤늦은 시간대(21시에서 04시 사이)에 한 주에 두세 번 정도 주유를 하였고 차량에는 3명 이상의 여성이 늘 탑승하고 있었다는 것과 주로 현금을 사용하고 있었다는 점에서 보도방 업주로 추정할 수 있었다.

밤 10시가 넘어서자 유흥주점들은 연말 분위기에 편승하여 정신없이 바빠 보여서 주인들과의 대화는 지장이 많았고 이상한 사람으로 오인하는 경우도 더러 있었다.

그러던 차에 어느 상점가 지하 1층에 있는 굿모닝 노래방이란 곳을 들어서자 손님인지 알고는 주인인 듯한 여사장이 반갑게 마주하며 다가서자 나는 다음에 꼭 이곳에 와서 매상은 올려줄 테니 우선 나를 좀 도와달라고 하며 서두를 끄집어내었다.

여사장은 인상착의와 말투에서 비슷한 보도방 업주를 즉시 기억해 냈다. 그리고는 카운터 테이블 아래에 있는 구로구와 금천구 영등포구 양천구에서 활동하는 보도방 업주의 리스트를 올려놓으면서 절대 자신에게 들었다는 말은 하지 않는 조건으로 내일 중으로 확인 후 연락을 줄 테니 우선 돌아가서 기다리라고 했다.

그러면서 여사장은 핸드폰 번호를 알려달라고 하는 말도 잊지 않았다.

"아름다운 사람, 정말 마음씨까지 이렇게 예쁠 수가 있을까…."

어제의 기분으로 오늘을 살지 말라는 얘기가 있지만, 오늘만큼은 지금 이 기분을 새해까지 가지고 갔으면 하는 바람으로 가득했다.

집으로 돌아가는 차량에서는 노사연의 「바램」이라는 음악이 흘러나오고 있었다.

'등에 짊어진 삶의 무게가….'

'내가 힘들고 외로워질 때 내 얘길 조금만 들어준다면'

학생은 이제 더 이상 덩그러니 혼자 던져진 게 아니었다.

구원투수로 나선 나의 또 다른 위기상황을 감지했는지 중간계투 요원을 자처한 노래방 여사장의 등장으로 나는 어렵사리 승기를 잡아가는 듯했다.

다음날 점심 무렵이 되자 핸드폰 벨이 울렸다.

낯선 번호였다.

어젯밤의 굿모닝 노래방의 여사장이었다. 여사장은 내가 찾고 있는 스타렉스 차량 보도방 업주의 연락처를 건네주면서 그 업주는 원래 이 동네에서는 잘 활동하지 않는 업주라고 하면서 연말이라 아가씨들 공급이 여의치 않아 이곳까지 왔나 싶다고 자신이 알려줬다는 얘기는 절대 하지 말라며 또 다시 신신당부를 하면서 전화를 끊으려고 했다. 그래서 내가 이번에 큰 신세 졌다고 하면서 빨리 그 곳을 방문하여 매상 한번 올려주겠다며 감사의 마음을 전했다.

오후 4시가 지나자 서서히 활동 준비를 하고 있을 스타렉스 보도방 업주에게 전화를 건넸다.

지난밤 근무자라고 하면서 사장님이 그때 바쁜 시간대에 오셨는데 평소에는 주유 전에 현금부터 건네면서 주유를 요청했으나 그날은 현금을 먼저 주지 않고 주유를 하셨다, 나중에 보니 사장님이 주유가 끝나 차량이 떠나고 난 후에 주유원들이 요금을 서로가 받지 않았다고 하여 근무마감 시간에 정산을 확인했더니 정확하게 사장님 차량에 주유한 주유 대금 4만 원이 비는 상황이 발생해 연락 드리게 되었다고 하였더니 자신은 항상 현금을 지불하면서 주유를 요청하는데 그럴 리가 없을 텐데 하였다.

그러다가는 청소년 가장의 사정 얘기를 듣고서는 흔쾌히 알았다고 하면서 무슨 착오가 있었나보다고 하면서 오늘 저녁에 들러 해결해주겠다고 확답을 해주었다.

일사천리로 청소년 가장 학생의 등에 짊어진 그 날의 삶의 무게가 떨어져 나갔다.

다음날 보도방 업주가 돈을 직접 갖다 준 후, 학생은 근무가 끝나자마자 나를 찾아왔다.

"아저씨는 대체 뭐 하시는 분이세요?"

그 후 나는 지인들과의 모임을 굿모닝 노래방에서 뒤풀이하면서 매상을 확실히 책임지어 주었다. 물론 보도방업주가 주유 대금 4만 원을 지불해주던 날도 노래방에 들러 여사장의 아름다운 마음씨에 보답하는 음료수도 1박스 전달했었다.

은혜를 베풀어 사람의 마음을 얻으려 하지 말고 덕을 쌓아서 사람의 마음을 얻으라는 '칠종칠금'이라는 고사가 겨울 바람과 함께 다가올 봄을 기다리며 싹이 트고 있었다.

올댓
탐정

펴 낸 날 2016년 6월 8일

지 은 이 김성도
펴 낸 이 최지숙
편집주간 이기성
편집팀장 이윤숙
기획편집 윤일란, 박경진
표지디자인 윤일란
책임마케팅 하철민, 장일규
펴 낸 곳 도서출판 생각나눔
출판등록 제 2008-000008호
주   소 서울 마포구 동교로 18길 41, 한경빌딩 2층
전   화 02-325-5100
팩   스 02-325-5101
홈페이지 www.생각나눔.kr
이 메 일 bookmain@think-book.com

• 책값은 표지 뒷면에 표기되어 있습니다.
  ISBN 978-89-6489-603-7 13300
• 이 도서의 국립중앙도서관 출판 시 도서목록(CIP)은 서지정보유통지원시스템 홈페이지
  (http://seoji.nl.go.kr)와 국가자료공동목록시스템(http://www.nl.go.kr/kolisnet)에서
  이용하실 수 있습니다(CIP제어번호: CIPCIP2016012745).